Sergi Doria

Das Barcelona von
Carlos Ruiz Zafón

*Spaziergänge
durch eine erzählte Stadt*

*Aus dem Spanischen von
Peter Schwaar*

*Mit einem Vorwort von
Sergio Vila-Sanjuán*

S. FISCHER

Erschienen bei S. FISCHER

Die Originalausgabe erschien 2008 unter dem Titel
›Guía de la Barcelona de Carlos Ruiz Zafón‹
bei Editorial Planeta, S.A.
© Sergi Doria, 2008
© Editorial Planeta, S.A., 2008
Veröffentlicht in Zusammenarbeit mit Michi Strausfeld,
Barcelona – Berlin

Für die deutschsprachige Ausgabe:
© S. Fischer Verlag GmbH, Frankfurt am Main 2013

Satz: Dörlemann Satz, Lemförde
Druck und Bindung: Appl, aprinta Druck GmbH, Wemding
Printed in Germany
ISBN 978-3-10-015336-4

Inhalt

Im Schatten Gaudís und des alten Buches

Sergio Vila-Sanjuán

»Wie alle alten Städte ist auch Barcelona eine Summe von Ruinen. Die großen Herrlichkeiten, deren sich viele brüsten, Paläste, Faktoreien und Monumente, Insignien, mit denen wir uns identifizieren, sind bloß noch Leichen, Reliquien einer untergegangenen Zivilisation.«

CARLOS RUIZ ZAFÓN, *Der Schatten des Windes*

»Diese Stadt ist eine Hexe, wissen Sie, Daniel. Sie setzt sich einem auf der Haut fest und nimmt einem die Seele, ohne dass man es überhaupt merkt.«

CARLOS RUIZ ZAFÓN, *Der Schatten des Windes*

Das Erscheinen von *Der Schatten des Windes* im Jahr 2001 war in mehrerlei Hinsicht ein Markstein. Erstens wurde das Buch mit seinem unerwarteten Erfolg (bis heute weltweit zwölf Millionen verkaufte Exemplare) zum meistverbreiteten Roman der zeitgenössischen spanischen Belletristik, der die Aufmerksamkeit von Leserschaften geweckt hat, die der spanischen Literatur immer sehr zurückhaltend gegenübergestanden hatten, wie zum Beispiel Briten oder Amerikaner. Zweitens ist es mit seiner »stilisierten und gotischen« – Ruiz Zafón *dixit* – Sicht Barcelonas eine der kulturellen Ikonen der katalanischen Metropole geworden, was ein großes Interesse an den darin geschilderten Stadtlandschaften hervorgerufen und literarische Pfade geschaffen hat, die sich abschreiten lassen.

Dieser wundervolle, melancholische, ebenso anrührende wie fesselnde Roman ist die schönstmögliche Hommage an eine Stadt.

Das Jahr der Spiele

Schwer zu sagen, ob ein Roman wie *Der Schatten des Windes* vor den Olympischen Spielen 1992 hätte geschrieben werden können, die aller Augen auf sich zogen, Barcelona zur In-Stadt machten und gleichzeitig die größte urbanistische Umgestaltung seiner jüngeren Geschichte auslösten.

Möglicherweise hat das neue weltweite Interesse an Barcelona, seiner Geschichte und seiner Kultur zu der berechtigten Begeisterung beigetragen, mit der *Der Schatten des Windes* aufgenommen wurde. Dabei sollte man aber nicht übersehen, dass Carlos Ruiz Zafóns erzählerisches Werk zu einem guten Teil die Klage um eine verlorene Stadt ist, die die Olympischen Spiele hinter sich ließen. So, wie auch der Erzähler von *Marina* klagt: »Das Barcelona meiner Jugend gibt es nicht mehr. Seine Straßen und sein Licht sind für immer dahin und leben nur noch in der Erinnerung.«

Nachdem er sich sein Brot eine Zeit lang als Werbefachmann verdient hatte, verließ der 1964 in Barcelona geborene Carlos Ruiz Zafón die Agentur, bei der er angestellt war, um das Schreiben zu seinem Beruf zu machen, und verfasste sein erstes veröffentlichtes Werk, den Jugendroman *Der Fürst des Nebels*, in ebenjenem Olympia-Sommer 1992. »Ich habe ihn größtenteils nachts geschrieben. Die Stadt war hell erleuchtet, und ich arbeitete jeweils bis zum Sonnenaufgang«, erinnert er sich. *Der Fürst des Nebels*, der im darauffolgenden Jahr den Edebé-Preis erhielt, spielt während des Zweiten Weltkriegs in einem englischen Küstendörfchen. Auch die beiden folgenden Werke des Autors, *Der Mitternachtspalast* und *Der dunkle Wächter*, ebenfalls für Jugendliche und 1994 bzw. 1995 veröffentlicht, spielen an nichtspanischen Schauplätzen – im Kalkutta der dreißiger Jahre und im Frankreich derselben Zeit.

Inzwischen hatte sich Ruiz Zafón, seit Kindesbeinen fasziniert von der siebten Kunst, in Los Angeles niedergelassen und versuchte, die Filmindustrie für sich zu erobern. Die räumliche Distanz scheint ihm einen anderen Blick auf seine Geburtsstadt ermöglicht zu haben, denn nach mehreren Jahren in Kalifornien wagte er es erstmals, die katalanische Metropole als literarische Bühne zu verwenden, und davon sollte er sich nicht mehr abwenden. In Barcelona spielt *Marina*, ein – laut eigener Einschätzung – Bastard aus Jugend- und Erwachsenenliteratur, erschienen 1999; dann folgt 2001 *Der Schatten des Windes* und 2008, nach einer langen Wartezeit, *Das Spiel des Engels*, beide in dieser Stadt angesiedelt. Dazwischen einige Erzählungen, in verschiedenen Medien publiziert und 2008 gesammelt im nicht käuflichen Band *Das gotische Barcelona*. 2011 folgt schließlich *Der Gefangene des Himmels*. Das heißt also, Carlos Ruiz Zafóns große Romane, sein erzählerisches Hauptwerk, spielen am selben Schauplatz.

Das nacholympische Barcelona ist eine elegante, im Allgemeinen sehr gepflegte, vielfach vernetzte Stadt, berühmt für ihr städtisches Design, das ihr den Preis der Universität Harvard eingetragen hat (obwohl derzeit viele anderslautende Stimmen ihr Entwicklungsmodell für bereits überholt erklären). Im gegenwärtigen Barcelona wirkt fast alles neu oder neuartig, selbst die historischen Gebäude, die mehrheitlich tiefgreifenden Renovierungen unterzogen wurden.

Dagegen war die Stadt vor der monumentalen Fassadenreinigung der Olympischen Spiele und der mit ihr einhergehenden Immobilienspekulation viel ungepflegter, verwahrloster, labyrinthischer und schwieriger zu durchqueren. Nicht selten stieß man auf Baugrund, offenes Gelände und leerstehende Häuser. In den Randgebieten gab es viel Niemandsland und von Unkraut überwucherte Sackgassen, und in einigen Vierteln schien sich seit 1920 überhaupt nichts verändert zu haben. Am Strand konnte man in und vor kleinen Holzbaracken essen, die später rücksichtslos dem Erdboden gleichgemacht wurden. Trotz der Reformen, die die neue, mit der Demokratie erschienene Stadtverwaltung eingeführt hatte, überlebten in vielen wichtigen öffentlichen Gebäuden schwere, dunkle Möbel und gehässige Beamte, die noch aus Franco- oder Vorfranco-Zeiten zu stammen schienen, aus der Diktatur des Generals Primo de Rivera. Kurzum, es war eine viel geheimnisvollere, gegensatzreichere, auch unheilvollere und selbstverständlich vernachlässigtere Stadt als das heutige Barcelona.

Es ist diese vorolympische Stadt, die Carlos Ruiz Zafón fesselt. Er hat es verstanden, ein außergewöhnlich vielfältiges Bild des historischen Barcelona, seiner Kultur, seines gesellschaftlichen Lebens, seiner schwarzen Chronik, seines Pulses zu vermitteln, das er uns bald einfühlsam, bald ironisch-distanziert, aber immer mit großem erzählerischen Brio nahebringt.

Einer der Gründe für den Reiz seiner Bücher liegt in ihrer Erzählperspektive. Sowohl in *Marina* wie in *Der Schatten des Windes* und zu einem guten Teil in *Das Spiel des Engels* ist die Figur, die sich der Stadt annähert und sie uns vorführt, ein jugendlicher Erzähler auf der Schwelle zum Erwachsenenalter. Sein Blick ist der unsere, seine Unschuld und seine Verletzlichkeit, ebenso sein Scharfblick. Ein einsamer, keineswegs neunmalkluger Jugendlicher, oft sehr schutzlos, wie jene Dickens-Helden, denen Ruiz Zafón in *Das Spiel des Engels* eine klare Reverenz erweist. Durch die Vermittlung dieses Erzählers offenbaren sich uns die Geheimnisse der Stadt, und wir sehen bewegt und traurig, wie der Zahn der Zeit und das Leben Freundschaften welken lassen, die Menschen bitter machen, Schicksale stauchen … Und wir werden Zeuge, wie sich in diesem Panorama die Wahrheit und die Liebe durchsetzen und Erlösung bringen können.

Gotische Stadt, gotische Literatur

Carlos Ruiz Zafóns Literatur ist dem Genre der *gothic novel*, des Schauerromans, zugeschrieben worden, der in Spanien von so wenigen Autoren gepflegt worden ist. Und Barcelona ist eine Stadt, die wegen ihrer Architektur als gotisch betrachtet wird. Gibt es da einen Zusammenhang?

Tatsächlich unterstreicht Carlos Ruiz Zafón gern seine literarische Verwandtschaft mit der angelsächsischen Tradition, die im 17. Jahrhundert mit Autoren wie Walpole und Beckford anhebt und für die mittelalterlich getönte Schauplätze, ein phantastischer Ton und psychisch versehrte, wenn nicht gar dämonische Personen charakteristisch sind. Das klassische Genre der *gothic novel*, dem sich Autoren wie Byron, Jane Austen, Melville oder Wilkie Collins zugewandt haben, fand in der Kultur des

20. Jahrhunderts eine reiche Kontinuität, die sich von Daphne du Mauriers und Hitchcocks *Rebeccas* über Isak Dinesen oder Roman Polanski und nicht wenige Romane von Joyce Carol Oates bis zum Batman aus Comic und Film erstreckt.

Ruiz Zafón kombiniert diese Palette, die düsteren Schauplätze, das Dämonische, die gepeinigten Figuren, mit beißendem Humor und volkstümlichen Einsprengseln. So bereichert er den Schauerroman um weitere Nuancen.

Barcelona ist eine Stadt mit über zweitausendjähriger Geschichte, deren Ursprung in die Zeit des römischen Reichs fällt. Aber ihre erste bedeutende Epoche ist das Mittelalter, wo mit Macht die Gotik ersteht. In seinem berühmten Buch über die Stadt beschreibt der Kunstkritiker Robert Hughes sie so: »Trotz Abnutzung und Zerstörung im Laufe der Jahrhunderte weist heute Barcelonas Gotisches Viertel (*Barri Gòtic*) den in Spanien wohl dichtesten Bestand an Bauwerken aus der Zeit vom 13. bis zum 15. Jahrhundert auf. Zudem gehört seine Bausubstanz, und das gilt selbst dann, wenn man Venedig mitberücksichtigt, zu der am besten erhaltenen in ganz Europa. Jeder Gebäudetyp ist vertreten: Pfarrkirchen, Stadthäuser, Regierungsgebäude, Ratssäle, Gilde- und Handwerkerhäuser und natürlich die Kathedrale.« Gefördert wurde die Architektur von der mittelalterlichen Blüte der katalanisch-aragonesischen Krone, als laut der Legende selbst die Fische im Mittelmeer die Fahne mit den vier roten Streifen auf dem Rücken trugen.

Das Gotische Viertel Barcelonas, seit mehreren Jahrzehnten eine der großen Touristenattraktionen der Stadt, bildet ein konstitutives Element von *Der Schatten des Windes*. Mitten durch es hindurch führt die Calle Fernando, wo Gustavo Barceló sein Antiquariat betreibt; es liegt auf halbem Weg zwischen der Calle Santa Ana, wo die Semperes wohnen, und der Plaza Real, wo Clara Barceló Klavier spielt. Daniel muss das Viertel oft um die Kathedrale herum durchqueren.

So, wie es sich heute präsentiert, ist das Barri Gòtic in gewisser Hinsicht eine Illusion. Das ganze Gebiet war Gegenstand eines Rekonstruktions- und Monumentalisierungsprozesses der Jahre 1911 (als die neugotische Fassade der Kathedrale fertiggestellt wurde) bis 1965. Gewisse Areale wurden neu gebaut, etwa die Plaza San Felipe Neri (wo in *Der Schatten des Windes* Nuria Monfort lebt), die während des Spanischen Bürgerkrieges halb zerstört worden war und wo nun neue Häuser gotischen Zuschnitts errichtet werden mussten. Andere Elemente wurden eigens geschaffen, wie die 1928 eingeweihte sogenannte Bischofsbrücke des Architekten Joan Rubió i Bellver, der heute niemand weniger als fünf Jahrhunderte gäbe. (In der Stadt hieß es, sie werde vom Kirchenfürsten benutzt, um insgeheim seinen Palast zu verlassen. Wozu – darüber gibt es verschiedene Spekulationen.)

Barcelona ist also eine Stadt mit viel und hochrangiger gotischer Architektur, inner- und außerhalb des Gotischen Viertels, doch diese Architektur ist teilweise rekonstruiert und stilisiert, so wie im Carcassonne von Viollet-le-Duc, der großen Einfluss auf eine ganze Generation katalanischer Architekten ausübte.

Die gotischen Bauten sind ein Zeichen dafür, wie in

Barcelona die weit zurückliegende Vergangenheit die Gegenwart mit Erinnerungen an das Mittelalter durchtränkt. In *Das Spiel des Engels* lässt sich der Protagonist David Martín in einem Haus in der Calle Flassaders im Ribera-Viertel nieder. Dieses Viertel lebt im Schatten von Santa María del Mar, einer der schönsten gotischen Kirchen der Welt, die hier eine ähnlich tragende Rolle spielt wie die Kathedrale in *Der Schatten des Windes*.

In praktischer Hinsicht interessiert Carlos Ruiz Zafón allerdings mehr noch als die Gotik die Neugotik, die in Katalonien ganz besondere Ausprägungen erfuhr und wie alles »neu-« übertriebener und dramatischer ist als das inspirierende Vorbild.

Es ist die Wiederverwendung von Elementen der gotischen Architektur mehrere Jahrhunderte nach dem Abklingen des Stils. Die Neugotik ist Ausdruck einer nostalgischen Vergangenheitssicht, welche die Blütezeit eines Landes oder einer Kultur im Mittelalter fixiert. Das Großbritannien des 19. Jahrhunderts erlebte ein solches Revival des gotischen Stils, das, unterstützt von Theoretikern wie John Ruskin, die ganze Insel mit Spitzbögen, Spitztürmen und polychromen Kirchenfenstern überzog – ein Phänomen, das als nostalgische Reaktion auf die ungezügelte Industrialisierung zu verstehen war.

In Katalonien fiel die Wiedergeburt des Gotischen in die zweite Hälfte des 19. Jahrhunderts. Die lokale industrielle Bourgeoisie befand sich in ihrer Blüte, und eine klar katalanistische Bewegung bildete sich heraus, was auch die Wiedereroberung der katalanischen Sprache einschloss, etwa durch Wettbewerbe in katalanischer Poesie

(*Jocs Florals*, Blumenspiele) und die Anverwandlung mittelalterlicher Ästhetiken – alles mit dem Ziel, das wirkliche und das eingebildete Glanz und Gloria des Mittelalters neu zu beleben. All das führte zum sogenannten architektonischen Modernismus, dessen Hauptvertreter Antoni Gaudí ist, der exzentrischste und genialste Architekt, den Barcelona hervorgebracht hat. Erstaunt es da, dass in der Stadt, die das schönste Ensemble gotischer Bauten Europas erschaffen hat, auch das distinguierteste aller neugotischen Revivals entstand?

Ruiz Zafón ist von der katalanischen Neugotik seit seinen Schuljahren in dem Gebäude der Jesuitenpater in Sarriá fasziniert, einem Werk des Architekten Joan Martorell, Lehrer von Gaudí und dessen Mentor bei seinen ersten Schritten. Machtvoll erscheint in *Marina* die Jesuitenschule, wo der Erzähler-Protagonist zur Schule geht und wohnt, und sie erscheint etwas verwandelt wieder in *Der Schatten des Windes* unter dem Namen San-Gabriel-Schule, wo Carax, Aldaya, Moliner, Ramos und Fumero aufeinandertreffen, das Freundesquintett, das später so tragische Meinungsverschiedenheiten auszufechten haben wird: »Die mit dolchförmigen Fenstern gespickte Fassade betonte das Profil eines gotischen Palastes aus rotem Backstein und schien zwischen Bogen und Türmen zu schweben, die in kathedralähnlichen Grannen über die Wipfel der Platanen aufragten.«

Was Gaudí betrifft, so tränkt sein fieberhafter Geist zahllose Zafón-Seiten. Der Autor von *Der Schatten des Windes* verbrachte seine Kindheit im Sagrada-Familia-Viertel, aus dem die »Kathedrale der Armen« des Architekten aus Reus herausragt, und der tägliche Anblick der

Kirche mit ihren Brücken und Stegen und der maßlos buntscheckigen Fassade vervollständigt, zusammen mit der der Jesuitenschule, die neugotische Kindheitsikonographie des Schriftstellers, die in seiner Literatur so entscheidend ist. Für Ruiz Zafón bilden Martorells Schulgebäude und die von Gaudí geprägte Nachbarschaft seines Zuhauses die urtümlichsten Schauplätze der Imagination, des Geheimnisses, des Rätsels. Das verstaubte Zoologiemuseum des San-Ignacio-Kollegs, die unvollendeten Türme nahe der elterlichen Wohnung stimulierten und formten (und wie!) seine barocke und manchmal düstere Phantasie. Und so gelangen wir von der architektonischen Barceloneser Gotik zur literarischen Gotik, in der Carlos Ruiz Zafón sehr bald das passendste Vehikel für seine Ausdrucksbedürfnisse fand.

Nach der Veröffentlichung von *Der Schatten des Windes* erklärte Ruiz Zafón in mehreren Interviews, auf der Besetzungsliste des nächsten Romans, den er begonnen habe, stehe die reale Figur von Antoni Gaudí. Später sollte er die Idee wieder verwerfen, aber eine Spur davon ist geblieben: In *Das Spiel des Engels* steht neben Gaudís Park Güell das Haus des rätselhaften Corelli. Als ich ihn anlässlich des hundertfünfzigsten Geburtstags des Architekten bat, für die *Vanguardia* etwas über ihn zu schreiben, lieferte er mir die Erzählung *Gaudí in Manhattan*, in der sich der Pedrera-Erbauer nach New York einschifft, wo er von einer mephistophelischen Figur ein Angebot erhält. Und für einige neue Ausgaben seiner Werke wählte Ruiz Zafón ein Logo mit dem Bild eines Drachens, der von einem Gittertor Gaudís inspiriert ist. Überhaupt spielt die modernistische Architektur eine wichtige Rolle in den Barcelona-Romanen des Autors: Im San-Pablo-Krankenhaus durchlebt die Protagonistin von *Marina* ihre letzten Monate; das modernistische Café Els Quatre Gats bringt den Figuren von *Der Schatten des Windes* »in Herzensangelegenheiten Glück«; in den Räumlichkeiten des Tuchladens El Indio arbeitet David Martíns Mutter …

Auch der kleine Aldaya-Palast in der Avenida del Tibidabo, in dem sich Anfang und Ende der Tragödie von Carax und Penelope abspielen, hat einen neugotischen Widerhall, allerdings nicht lokaler Natur, sondern inspiriert vom kargen, strengen Ton der Villen, »die sich die Magnaten des Industriezeitalters in der Fünften Avenue zwischen der 58. und der 72. Straße auf der Ostseite des Central Park hatten bauen lassen«.

Abgesehen von Gotik und Neugotik bergen Carlos Ruiz Zafóns Bücher unendlich viele Anspielungen auf bemerkenswerte barcelonesische Orte – einige aus dramaturgischen Gründen: die Friedhöfe von Sarriá, Montjuïc oder Pueblo Nuevo; die immer wiederkehrenden alten Bahnhöfe, »magische Orte«, von wo die Zafón'schen Helden nach Paris zu entkommen träumen, was ihnen manchmal auch gelingt, aber nicht unbedingt zu ihrem Besten; das unheimliche Polizeipräsidium in der Vía Layetana, wohin die Polizisten von *Der Schatten des Windes*, *Das Spiel des Engels* und *Der Gefangene des Himmels* ihre Opfer verbringen; das blutig-berüchtigte Kastell von Montjuïc, das in *Der Gefangene des Himmels* eine zentrale Rolle spielt; die Abwasserkanäle, die Hafendrahtseilbahn, die kurvenreiche Straße nach Vallvidrera, der Ciudadela-Park mit seinem Wasserspeicher, nun Schauplatz von Verbrechen, und natürlich die labyrinthischen Straßen der Barceloneser Altstadt.

Andere bedeutsame Orte haben eine eher atmosphärische Funktion: das Athenäum, das Lokal Almirall in der Calle Joaquín Costa, das Restaurant Set Portes, die Redaktion der *Vanguardia* in der Calle Pelayo, das Hotel Colón, das Kasino auf dem Tibidabo, das Liceo-Theater. Und selbstverständlich die Ramblas, die die Altstadt teilen. Unzählige Bezüge, typisch für den Jungen, der Carlos Ruiz Zafón einmal war und der schon mit dreizehn Jahren regelmäßig zu Fuß die Stadt durchwanderte, von Norden nach Süden und von Osten nach Westen, und seinen Vater, einen Versicherungsvertreter, zu den buntesten Barceloneser Haushalten begleitete.

Nur das Ensanche-Viertel scheint ihn nicht übermäßig zu interessieren, die Ende des 19. Jahrhunderts nach Plänen des Städtebauers Ildefons Cerdà ausgeführte wichtige Stadterweiterung, die großen Teilen der barcelonesischen Ober- und Mittelschicht zur Heimstätte wurde. Das Ensanche, das das urbane Zentrum bildet und von dem Carlos Ruiz Zafón vielleicht dasselbe denkt wie Gaudí: dass im modernen Städtebau der Missbrauch der breiten schnurgeraden Straße »die Stadt zu einem riesigen karierten Gewebe von entmutigender Monotonie macht«.

Es ist interessant zu beobachten, wie sich in den ersten drei Romanen die Annäherung an die Stadt radikal verändert: In *Marina* fokussiert sich der Blick auf das Viertel Sarriá, eine ehemals unabhängige, 1921 der Stadt einverleibte Gemeinde, bourgeoises Reservoir bedeutender Schulen (wie der erwähnten Jesuitenschule) und herrschaftlicher Villen, die in den letzten dreißig Jahren größtenteils abgerissen wurden, um teuren Gebäuden neuer Bauart Platz zu machen, wie es mit dem Haus geschah, das im gleichnamigen Roman Marina und ihr Vater bewohnen.

In *Der Schatten des Windes* richtet sich der Blick in mehreren Strahlen auf Barcelona. Der Protagonist lebt in der Calle Santa Ana, nahe der Plaza de Cataluña, dem symbolischen Zentrum der modernen Stadt. Von diesem Zentrum aus fahren die Figuren nach Sarriá am Hang des Tibidabo hinauf, wo die Aldaya-Villa steht, oder durchs Ribera-Viertel zu den gotischen Bauten in der Calle Montcada hinunter, schon in Hafennähe.

In *Das Spiel des Engels* erfolgt die Annäherung kreisförmig, das Zentrum wird gemieden. Die Handlungsschauplätze liegen im Ribera-Viertel im Süden der Stadt, nahe dem Meer, und im Viertel Pedralbes im Norden, wo Barcelona in die Sierra de Collserola übergeht. Die Handlung dehnt sich nach Osten aus, nach San Andrés und Pueblo Nuevo und vermeidet, wie gesagt, das nur beiläufig aufscheinende Ensanche.

In *Der Gefangene des Himmels* schließlich werden wir wieder ins Zentrum zurückgeführt, in die Calle Santa Ana mit der Buchhandlung Sempere – und auf den Montjuïc, in dessen Kerkerräumen Fermín Romero de Torres seine bittersten Jahre verbrachte.

Die Stadt der Bücher

Der Protagonist von *Der Schatten des Windes* und sein Vater sind Antiquare, so wie auch die Freunde des Vaters, ein Beruf, der den Roman prägt und von weitreichender Bedeutung ist. In seinen Barceloneser Romanen hat Carlos Ruiz Zafón einen mit der Welt des Buches verknüpften imaginären Ort geschaffen, der sich bereits in eine Reihe mit der Schatzinsel, mit Macondo oder dem Jurassic Park stellen lässt.

In einer kleinen Straße der Altstadt, rechter Hand, wenn man von den Ramblas hineingeht, hat Ruiz Zafón diesen Ort angesiedelt. An dem Tag, an dem ihn Daniel Sempere erstmals besucht, an der Hand seines Vaters und im Schlepptau Isaac Monforts, hüllt »bläuliches Halbdunkel alles ein, so dass die Konturen einer breiten Marmortreppe und eine Galerie mit Fresken voller Engels- und Fabelfiguren gerade eben angedeutet wurden. Wir folgten dem Aufseher durch einen prächtigen Gang und gelangten in einen riesigen, kreisförmigen Saal, wo sich eine regelrechte Kathedrale aus Dunkelheit zu einer von Lichtgarben erfüllten Kuppel öffnete. Ein Gewirr aus Gängen und von Büchern überquellenden Regalen erstreckte sich von der Basis zur Spitze und formte einen Bienenstock aus Tunnel, Treppen, Plattformen und Brücken, die eine gigantische Bibliothek von undurchschaubarer Geometrie erahnen ließen.«

Mutmaßlich zu Beginn des 18. Jahrhunderts auf den Resten einer alten Nekropolis errichtet, ist der Friedhof der Vergessenen Bücher, wo nur diejenigen Bände hingelangen, die jemand *wirklich* retten will, der große literarische Mythos des Barcelona des neuen Jahrhunderts, ein Sinnbild für die Liebe zum Lesen und die Identifikation mit dem geschriebenen Erbe, das zugleich außerordentlich repräsentativ ist für den Geist der katalanischen Hauptstadt.

Barcelona gehört weltweit zu den Städten mit der längsten ununterbrochenen Beziehung zum Buch: Der Kauf und Verkauf von Büchern, vornehmlich durch jüdische Geschäftsleute, lässt sich seit dem 14. Jahrhundert belegen. Die ersten spanischen Drucker arbeiteten seit der zweiten Hälfte des 15. Jahrhunderts in Barcelona; ihre Verträge und Entscheidungen sind vielfach dokumentiert und von den großen Historikern Jordi Rubió i Balaguer und Josep Maria Madurell gründlich studiert worden. Die Inquisition nahm die Buchhändler besonders ins Visier und fügte sie ihrer unheilvollen Chronik bei, wie es Antoni Ramon Corró geschah, der am 9. Februar 1489 wegen Ketzerei gehängt und verbrannt wurde.

1533 wird in der Stadt die erste bekannte Buchhändler-Innung Europas gegründet, deren Aktivitäten nahe der Kathedrale mitten im Gotischen Viertel ihre Spur hinterlassen haben – im Namen der Calle Llibreteria (Straße des Buchhandels). Im Lauf der folgenden Jahrhunderte bringt die Stadt unendlich viele Geschichten und Anekdoten von Buchhändlern, Druckern, Verlegern und Buchliebhabern hervor – bis zur Gegenwart, da Barcelona mit seinen Publikationen auf Spanisch und Katalanisch weiterhin die verlegerische Hauptstadt der hispanischen Welt ist.

Es sind vor allem zwei literarische Arbeiten, die das Gewicht, das der Welt der Bücher in der barcelonesischen Tradition zukommt, besonders vermittelt haben. 1615 veröffentlicht Miguel de Cervantes den zweiten Teil des *Quijote*, dessen letzter Teil in Barcelona spielt, welches damit zur einzigen spanischen Stadt wird, die auf seinen Seiten vorkommt. Nach mehreren Zwischenfällen besucht Don Quijote in Barcelona eine Druckerei (die Martí de Riquer als die von Sebastià de Cormelles identifiziert hat) und macht sich dort mit der zeitgenössischen Drucktechnik ebenso vertraut wie mit dem Copyrightverständnis der Renaissance. Diese Szene in einem höchst erfolgreichen, bald in mehrere Sprachen übersetzten Buch führt Barcelona der geistigen Elite im Europa des 17. Jahrhunderts als Stadt des Buches vor Augen.

Die Zeit vergeht. Mitte des 19. Jahrhunderts veröffentlichen einige spanische und französische Publikationen eine seltsame Geschichte. Ihre Hauptfigur, ein ehemaliger Mönch, tritt aus dem Kloster Poblet aus und eröffnet in Barcelona ein Antiquariat. Doch seine Liebe zum Buch ist so groß, dass sie ihn wie Don Quijote in den Wahnsinn bzw. zum Mord treibt, da er sämtliche Konkurrenten umbringt, die die Bücher horten, nach denen er sich selbst sehnt. Die Geschichte fasziniert den jungen Gustave Flaubert, der sie in der Erzählung *Bücherwahn* recycelt, dem ersten von ihm veröffentlichten Text. 1928 spürt der Gelehrte Ramon Miquel i Planas in einem sehr lesenswerten Büchlein ihren Ursprüngen und all ihren Varianten nach, *Die Legende des Mörderbuchhändlers von Barcelona*, wo er zwar die Wahrhaftigkeit der Geschichte in Abrede stellt, ihre Plausibilität jedoch lustvoll begrüßt.

Dass das Barceloneser Buchgeschäft zu so ausschweifendem Fabulieren geführt hat, macht verständlich, auf welchem Nährboden der Friedhof der Vergessenen Bücher entstand. Carlos Ruiz Zafón hat mir erzählt, bei seiner Erschaffung hätten ihn alte Bücherlager inspiriert, die er in der Umgebung von Los Angeles besucht habe. Ihre labyrinthischen Ausmaße und ihre verstaubte Dunkelheit hätten ihn so beeindruckt, dass er beschlossen habe, eines davon im Zentrum seiner Geburtsstadt anzusiedeln. Was er vermutlich nicht wusste – und ich bis vor einigen Wochen auch nicht –, ist, dass sich in der Calle Arco del Teatro, wo der Friedhof beheimatet ist, Druckerei und Verlag von Lluís Tasso befanden, Pionier der damaligen graphischen Künste. Nicht weit davon entfernt, dort, wo der Boquería-Markt liegt, wurde die Schriftgießerei des Barfüßerkarmeliten-Klosters von San José betrieben, die einzige zu Beginn des 19. Jahrhunderts in Barcelona aktive Buchstabengießerei, geführt von einem energischen, rätselhaften Geistlichen namens Bruder Joaquim de la Soledat. Ganz nach Zafón'scher Manier geriet die Fabrik in der San-Jaime-Nacht 1835 im Gefolge eines Bürgeraufruhrs in Brand, und der Mönch musste in Laiengewandung das Weite suchen und durfte erst nach einer ganzen Weile wieder auf der Bildfläche erscheinen. Es ist verlockend, sich auszumalen, wie Carlos Ruiz Zafón diese Geschichte weiterentwickelt hätte.

Kurzum, der Friedhof der Vergessenen Bücher, der in *Der Schatten des Windes* erscheint und in *Das Spiel des Engels* wiedererscheint, ist ebenso ein Auswuchs der Phantasie seines Autors wie des mit der Geschichte des Buches verknüpften Barceloneser Unbewussten. Er bildet einen universellen Mythos *in progress*, von dem wir

Weiteres in *Der Gefangene des Himmels* erfahren sowie im vom Autor angekündigten letzten Band, der die Tetralogie dieses fabulösen Raums unvergänglichen Wissens beschließen wird.

Als ich kurz nach seiner Veröffentlichung *Der Schatten des Windes* las, entdeckte ich viele mit Barcelona zusammenhängende Chiffren für mein Leben und meine Generation, die das Buch für mich auf der Stelle zu einem einzigartigen Roman machten. Als einer der Ersten schwärmte ich in Artikeln davon, ebenso Sergi Doria, ein Journalist mit gründlicher literarischer und historischer Bildung und deshalb eine *rara avis*. Dem, was uns bereits verbunden hatte, gesellte sich nun die gemeinsame Bewunderung von Carlos Ruiz Zafón hinzu. Anlässlich des Jahres des Buches und des Lesens 2005 brachten Sergi und ich ein Buch heraus, *Spaziergänge durch das literarische Barcelona*, das dazu einlud, die Stadt im Kielwasser der großen Autoren kennenzulernen, die von ihr gesprochen hatten. Jetzt hat Sergi die Chance gehabt, die Carlos Ruiz Zafón gewidmete Tour in wohlverdienter Weise auszubauen. Die Romane unseres Freundes konnten keine bessere und sinnvollere Hommage bekommen.

Gebrauchsanweisung
für eine literarische Stadt

Ein gefeierter Gastronom sagte einmal, wir seien das, was wir essen. Mit der Literatur ist es dasselbe: Wenn uns ein Roman unter die Haut geht, sind wir das, was wir lesen. Der Autor verfasst seine Geschichte, der Verleger publiziert sie, und der Leser fügt sie je nach seinen Wahlverwandtschaften in seine Gefühlschronik ein. Wenn wir einen guten Roman lesen, sind wir nicht mehr dieselben – unsere Welt stellt sich in den Stimmen anderer Figuren dar.

Bevor wir erklären, was das vorliegende Buch ist, wollen wir klarstellen, was es nicht ist. Wir finden Romanzitate, aber es ist keine literarische Abhandlung; es erscheinen Pläne Barcelonas, aber es ist kein Reiseführer. Es ist auch kein historischer Essay, obwohl Fakten und Chronologien seinen Weg säumen. *Das Barcelona von Carlos Ruiz Zafón. Spaziergänge durch eine erzählte Stadt* will haargenau das sein, was sein Titel besagt: ein vom Blick eines Schriftstellers geleiteter Spaziergang auf der Grundlage von vier Romanen: *Marina, Der Schatten des Windes, Das Spiel des Engels* und *Der Gefangene des Himmels*. Ein vom Autor in verschiedenen Momenten seines Lebens betrachtetes Barcelona auf der Grundlage von vier Romanen; vier durch dasselbe Licht gefilterte Phasen einer Stadt. Obwohl *Marina* in den Achtzigern spielt, *Der Schatten des Windes* die aschenen Nachkriegszeiten durchläuft, *Das Spiel des Engels* die Stadt des »Pistolerismo« und der 1929er-Weltausstellung heraufbeschwört und *Der Gefangene des Himmels* die franquistischen fünfziger Jahre sowie das gerade unterworfene Barcelona des Jahres 1939 durchmisst, eignen den Protagonisten die Sensibilität ihres Erschaffers und eine bestimmte Art und Weise des Erzählens. Wir spazieren mit Carlos Ruiz Zafóns literarischen Geschöpfen durch die städtische Kartographie. Seine Welt ist nicht von dieser Welt, auch wenn es uns manchmal so vorkommen mag: grausam menschliche Geschichten und abscheuliche, in einer nebelverhangenen Ecke kauernde Gestalten. Gebäude aus der Barceloneser Erinnerung wie das Hotel Colón, der Schauplatz des Liceo-Theaters oder die blaue Straßenbahn auf den Tibidabo offenbaren sich uns in Ruiz Zafóns Romanen auf eine andere Art. Der absolute Schriftsteller nutzt die literarische Freiheit, um unauslöschliche Bilder zu gestalten.

Wir haben seine Romane auf der Karte Barcelonas ausgeschüttet und sind mit ihren Figuren acht Routen abgelaufen: die Ramblas, die uns von Canaletas zum Friedhof der Vergessenen Bücher führen; das Raval mit seinen engen Treppenhäusern ohne Himmel; das Gotische Viertel, steinernes Gewirr voller Geister; das Ribera-Viertel und den Ciudadela-Park; die Plaza de Cataluña, die Umgebung der Universität und den Raster des Ensanche mit seinen Intrigenbüros; die mit Familientragödien gesättigten Villen von Sarriá, Pedralbes und dem Tibidabo; die Friedhöfe mit ihren Familienerinnerungen; die Modernismus-Monumente und ihre schmiedeeisernen Gaudí-Drachen.

Die Spaziergänge werden am Ende des Buches ergänzt durch ein Kapitel zu Ruiz Zafóns persönlichem Buchuniversum, der Musik seiner literarischen Episoden und den Orten außerhalb der Stadt, wohin einige sehnsuchtserfüllte Figuren fliehen. Jeder Rundgang wird mit einem Plan und einer kurzen Info über den jeweiligen Stadtteil eröffnet.

Wir sind das, was wir lesen. Wir können der in Marina verliebte Jugendliche Óscar Drai sein; Daniel Sempere an der Hand seines Vaters, der den Friedhof der Vergessenen Bücher entdeckt; Julián Carax beim Signieren verdammter Bücher und David Martín, der mit dem diabolischen Corelli einen Schreibpakt schließt; Gustavo Barceló, wie er in den Regalen seiner Buchhandlung stöbert, und Nuria Monfort, auf der melancholischen Plaza de San Felipe Neri meditierend; die Aristokraten Aldaya und Vidal, die von ihren Villen in den hochgelegenen Vierteln auf die Stadt hinabschauen, und Romero de Torres, dessen schelmische Schlagfertigkeit auf Inspektor Fumeros Perversität prallt. Acht Routen, die in beliebiger Reihenfolge angegangen werden können. Die einen, wie die entlang der Ramblas, durch die Ribera oder die hochgelegenen Viertel, erfordern einen ausgiebigen Rundgang; andere konzentrieren sich stärker auf einen kleineren Raum.

Wenn die Literatur von allem kuriert, so würde ein Beipackzettel dieses Buches besagen, es enthalte eine Dosis historischer Akribie, aber es sei kontraindiziert bei denen mit Bedarf an harten Fakten. Ruiz Zafóns Romane bestätigen Mario Vargas Llosas Diagnose in *Die Wahrheit der Lügen*. Es gibt nichts Besseres als Victor Hugos *Die*

Elenden, um das Paris des 19. Jahrhunderts zu verstehen, oder den *Tirant lo Blanc*, um nach Mittelalter zu riechen: »Die literarische Wahrheit ist die eine, und eine andere ist die historische Wahrheit. Aber obwohl – oder gerade weil – sie voller Lügen ist, erzählt die Literatur die Geschichte, welche die Geschichte, die die Historiker schreiben, nicht erzählen darf noch kann.« Im Roman hat alles Platz, behauptete Pío Baroja; das einzig Einklagbare ist, dass uns die Geschichte erwischt und wir so die Zeiger der Uhr vergessen, die unerbittlich das *taedium vitae* anzeigt.

Der Wirkstoff dieses Buches ist die *Zafónmanie*, die geeignete Substanz gegen Anfälle von Phantasiemangel. Es dürfen großzügige Mengen konsumiert werden, ohne dass Nebenwirkungen zu befürchten sind, außer einem harmlosen Stendhal-Syndrom. Das Personal von *Marina*, *Der Schatten des Windes*, *Das Spiel des Engels* oder *Der Gefangene des Himmels* ist Teil der emotionalen Agenda von Millionen Lesern auf der Welt. Wir haben alle etwas von diesen Figuren. Wollen wir sie durch das Barcelona der Rätsel begleiten?

*Die Romane
und ihre Spaziergänger*

Marina (1999)

Marina ist Carlos Ruiz Zafóns vierter Roman nach der Trilogie *Der Fürst des Nebels*, *Der Mitternachtspalast* und *Der dunkle Wächter*. Auf der Flucht vor seinen Erinnerungen verschwindet der junge Óscar Drai von der Bildfläche. Seine Liebesgeschichte mit der schönen, rätselhaften Marina führt ihn in eine Welt gepeinigter Gestalten und lässt ihn den Tod aus nächster Nähe erleben. Die melancholische Schilderung der Figuren in einem dunstigen Barcelona nimmt sich wie ein Vorspiel zu *Der Schatten des Windes* aus.

- *Óscar Drai* Ein Jugendlicher, der die erste Liebe und die Bedeutung von Abenteuer und Verlust entdeckt.
- *Marina* Kränklich, sensibel, gebildet, bringt Óscar eine gewisse Lebens- und Todesphilosophie bei.
- *Germán Blau* Marinas Vater, Kunstmaler, elegant und kultiviert.
- *Michail Kolwenik* Mitinhaber der Firma Velo-Granell; der Reichtum treibt ihn ins Unglück und zu krankhaften Experimenten mit Leichen.
- *Ewa Irinowa* Opernsängerin, für die Kolwenik ein Theater bauen lässt. An ihrem Hochzeitstag entstellt ihr ein Feind ihres Mannes mit Säure das Gesicht.
- *Joan Shelley* Arzt, Traumatologe, Freund und Mitarbeiter von Kolwenik.

Der Schatten des Windes (2001)

Der Roman erzählt Daniel Semperes Abenteuer, nachdem dieser auf dem Friedhof der Vergessenen Bücher den Band des mysteriösen Schriftstellers Julián Carax entdeckt hat. Daniel findet sich auf einer Reise durch die Zeit und die Identität seines Autors und muss es mit unheilvollen Gestalten aufnehmen. Angesiedelt in einem stilisierten Nachkriegsbarcelona mit Ingredienzien des Schauerromans.

- *Daniel Sempere* Als er zehn Jahre alt ist, zeigt ihm sein Vater, Buchhändler in der Calle Santa Ana, den Friedhof der Vergessenen Bücher. Dort findet er ein Buch, auf dem ein Fluch liegt und das sein Leben verändert: *Der Schatten des Windes.*
- *Julián Carax* Autor von *Der Schatten des Windes*, gepeinigt von der Literatur und der Liebe.
- *Isaac Monfort* Wächter des Friedhofs der Vergessenen Bücher.
- *Nuria Monfort* Isaacs Tochter, die Julián begleitet und die Bewahrung seiner Werke mit dem Leben bezahlt.
- *Gustavo Barceló* Buchhändler und Büchernarr mit Byron'schen Anwandlungen, Freund von Daniels Vater.
- *Clara Barceló* Gustavo Barcelós Nichte, sensibel, blind.
- *Fermín Romero de Torres* Bettler mit großer Lebenserfahrung und immensen literarischen Kenntnissen, ein Schelm, der Daniel bei seinen Erkundungen begleitet.
- *Antoni Fortuny* Julián Carax' Vater, Hutmacher von Beruf. Heiratete Sophie Carax und sah sein Leben ver-

pfuscht, als er feststellte, dass sein Sohn von einem anderen Mann stammt.

- *Bea* Daniel Semperes Freundin. Sie erlebt mit ihm zusammen die schrecklichsten Momente im Aldaya-Haus.
- *Die Aldayas (Ricardo und Jorge)* Aristokratische Saga, Besitzer des Hauses in der Avenida del Tibidabo. Penélope Aldaya ist Julián Carax' unmögliche Liebe.
- *Javier Fumero* Polizeiinspektor, der Julián Carax seit seiner Jugend hasst. Er verfolgt ihn, um ihn zu töten.
- *Laín Coubert* Teuflische, den Seiten eines Buches entsprungene Figur, die Juliáns Werk vernichten will.

Das Spiel des Engels (2008)

Die Bestätigung des Phänomens Ruiz Zafón. Nach dem Vorroman, von dem mittlerweile über zwölf Millionen Exemplare verkauft sind, kommt er zurück mit dieser im Barcelona der Zwanziger angesiedelten Geschichte, dunkler und weniger melancholisch konzipiert als *Der Schatten des Windes*. Hauptfigur ist David Martín, ein junger Autor von Fortsetzungsromanen, besessen von einer unmöglichen Liebe und von einem seltsamen Verleger unter Vertrag genommen, um ein Buch zu verfassen, das mit der etablierten Ordnung brechen soll. Ein Angebot, das er nicht ablehnen kann und das ihn in ein teuflisches Spiel hineinzieht.

- *David Martín* Journalist bei *Die Stimme der Industrie* und Schriftsteller, der unter Pseudonym Hintertreppenromane verfasst. Von klein auf erfährt er das Elend einer aus den Fugen geratenen Familie und die Verbitterung seines Vaters, eines ehemaligen Philippinen-Kämpfers.
- *Pedro Vidal* Aristokrat und Edelfeder der Zeitung, bei der David arbeitet. Plagiiert dessen Werke und schnappt ihm Cristina weg, die Frau, die er liebt.
- *Cristina Sagnier* Tochter des Fahrers der Familie Vidal, hin- und hergerissen zwischen Pedro und David, bis sie die Kontrolle über ihre Gefühle verliert.
- *Andreas Corelli* Mephistophelischer Verleger, Besitzer der Pariser Éditions de la Lumière. Mit einem Engel am Revers schlägt er David vor, ein seltsames Buch zu schreiben.
- *Señor Sempere* Führt mit seinem Sohn die Buchhandlung in der Calle Santa Ana und ist David Martíns »literarischer Gönner«.
- *Barrido und Escobillas* Ausbeuterische Verleger, die sich mit David Martíns Trivialromanen eine goldene Nase verdienen.
- *Víctor Grandes* Polizist, der in den zahllosen Verbrechen des Romans ermittelt, bis David Martín in den Fokus seiner Nachforschungen gerät.
- *Isabella Gispert* Tochter der Inhaber eines Lebensmittelgeschäfts in der Nähe von David Martíns Haus. Trägt sich ihm als Sekretärin und Gehilfin an.
- *Diego Marlasca* Anwalt, der vor David Martín das Haus in der Calle Flassaders bewohnte. Wird tot im Wasserspeicher des Ciudadela-Parks gefunden.

- *Ricardo Salvador* Ehemaliger Polizist, vertritt die Theorie, dass Marlascas mutmaßlicher Selbstmord in Wirklichkeit Mord war.
- *Alicia Marlasca* Diegos Witwe und Freundin von Ricardo Salvador, wohnt in einer dekadenten Villa in Vallvidrera, wo sie auf den Tod wartet.
- *Sebastián Valera* Anwalt und Marlascas Partner.
- *Don Basilio Moragas* Altgedienter Journalist, Chefredakteur von *Die Stimme der Industrie*, der David Martíns Schritte beim Schreiben seiner Fortsetzungsromane leitet.
- *Irene Sabino* Theaterschauspielerin und Geliebte von Marlasca, mit dem sie an spiritistischen Sitzungen teilnahm. Endet in Prostitution und Elend.

Der Gefangene des Himmels (2011)

Die Handlung setzt zu Weihnachten 1957 ein. Daniel Sempere, mit Bea verheiratet und Vater des kleinen Julián, arbeitet noch immer in der Familienbuchhandlung in der Calle Santa Ana. Alles scheint seinen gewohnten Gang zu gehen, bis ihm sein Freund Fermín Romero de Torres erzählt, welch elendes Los ihn nach dem Bürgerkrieg erwartete, als er in den Kerker des unheilvollen Kastells von Montjuïc geworfen wurde, aus dem ihm mit der List des Grafen von Monte Christo die Flucht gelang. *Der Gefangene des Himmels* ist sozusagen der Roman Fermíns und der gequälten Erinnerung David Martíns.

- *Daniel Sempere, Fermín Romero de Torres, Gustavo Barceló, Bea, David Martín, Horacio Fumero, Isabella.* Figuren, die schon in den beiden vorangegangenen Romanen erschienen sind und über die wir hier mehr erfahren.

- *Mauricio Valls* Schriftsteller und in der Franco-Zeit Kulturminister, der von einer trüben repressiven Vergangenheit als Direktor des Kastellgefängnisses aus die Hierarchiestufen des Regimes erklettert.

- *Sebastián Salgado* Gewerkschafter und im Gefängnis Romero de Torres' Zellengenosse, verbirgt eine düstere Persönlichkeit und ist auf Schatzsuche.

- *Professor Alburquerque* Dozent an der philosophischen Fakultät, Artikelschreiber und Kritiker, ist den ganzen Tag in die Arbeiten seiner Studenten und in die Bücher der Bibliothek in der Calle Carmen vertieft.

- *Oswaldo Darío de Mortenssen* Schreiber, der in einem der Häuschen vor dem Virreina-Palast arbeitet.

- *Luisito* Begabter Schüler Oswaldo Darío de Mortenssens bei der Abfassung von Dokumenten.

- *Armando* Chef der Zigeunergruppen am Somorrostro-Strand; kümmert sich um den halbtoten Romero de Torres nach dessen Flucht aus dem Montjuïc-Gefängnis.

- *Fernando Brians* Junger Anwalt und Verteidiger David Martíns, der gegen Mauricio Valls' Macht und seine Schergen ankämpft.

- *Pater Valera* Priester und Machado-Leser, gewährt dem im Untergrund lebenden Romero de Torres Unterschlupf.

- *Die Rociíto* Junge, fellinihafte Prostituierte mit großem Herzen, die den gebeutelten Fermín während seines Tiefs in ihrem gastlichen Schoß aufnimmt.

- *Die Bernarda* Gustavo Barcelós Dienstmädchen, volkstümliche Matrone und Romero de Torres' Gattin in spe.
- *Doña Edelmira* Nachbarin von Daniel Sempere, Witwe und Malerin von Jungfrauen- und Heiligenbildchen, war in ihrer Jugend Tänzerin im Theater Arnau auf dem Paralelo.
- *Pablo Cascos Buendía* Beas ehemaliger Verlobter, der im Hotel Ritz eine Wiederbegegnung mit ihr sucht, aber von Daniel Sempere übel zugerichtet wird.
- *Román Sanahuja* Chefarzt des Klinikums, landet ebenfalls im Kerker des Montjuïc, da er sich geweigert hat, seine Kollegen zu denunzieren.
- *Bebo* Gefängniswärter auf dem Montjuïc. Solidarisiert sich als Einziger mit den Gefangenen und kümmert sich um David Martín.
- *Sofía* Daniels Cousine aus Neapel, kommt zum Studium nach Barcelona und gleicht Isabella, Señor Semperes, verstorbener Frau, aufs Haar.

Routen in
Carlos Ruiz Zafóns
Barcelona

Die Ramblas waren einmal – und sind es jetzt nicht mehr – die Eingangstür zu jenem alten Barcelona, das bis vor mindestens dreißig Jahren jeder Veränderung widerstand, wie immer man das beurteilen mag. Heute sind von ihnen nicht viel mehr als die Steine und Fassaden vorhanden, die sich paradoxerweise nicht so sehr verändert haben wie an anderen Orten in der Stadt. Ihr Geist aber scheint dasselbe getan zu haben wie so viele Barcelonesen, er hat diese Straße den Touristen und denen überlassen, die sie auf der Suche nach etwas betreten, was da gelebt haben und geschehen sein soll. Betrachtet man sie heute, so muss man sich fragen, ob Straßen und Boulevards nicht ein bisschen so sind wie Flüsse – oder wie das Gewässer, das ursprünglich da floss, wo sich nun die Ramblas befinden. Vielleicht liegt ihr eigentliches Wesen weniger im Flussbett als im Wasser, das darin fließt und unwiederbringlich verfließt.

CARLOS RUIZ ZAFÓN

Rund um die Ramblas

Der Friedhof der Vergessenen Bücher

Haus von Bruno Quadros

»Gegen Abend brach durch die Wolkendecke, Überbleibsel des Gewitters, die Sonne hindurch. Die regenglänzenden Straßen wurden zu bernsteinfarbenen Spiegeln, auf denen die Passanten ihrer Wege gingen. Ich erinnere mich, dass wir zum Anfang der Ramblas spazierten, wo das Kolumbus-Denkmal aus dem Dunst guckte. Wir schritten schweigsam dahin, betrachteten die Fassaden und die Menschenmenge, als wären sie Luftspiegelungen, als wäre die Stadt bereits verlassen und vergessen. Nie war mir Barcelona so schön und so traurig erschienen wie an diesem Abend.«

CARLOS RUIZ ZAFÓN, *Das Spiel des Engels*

CARRER JOAQUÍN COSTA

CARRER PELAI

CARRER TALLERS

PLAÇA CATALUNYA

AV. PORTAL DE L'ANGEL

C. ESTRUC

VIA LAIETANA

① ②

③

⑤

PLAÇA BONSUCCÉS

C. SANTA ANNA

CARRER COMTAL

④

CARRER

⑥

⑧

CANUDA

⑦ C. MONTSIÓ

PL. VILA DE MADRID

PLAÇA CARLES PI I SUNYER

C. DUC DE LA VICTORIA

CARRER DEL CARME

C. PORTAFERRISSA

C. PETRIXOL

AVINGUDA CATEDRAL

⑨

PLAÇA PI

CARRER HOSPITAL

PL. SANT JOSEP ORIOL

PL. SANT AGUSTÍ

⑩

PLACETA PI

⑪

CARRER BOQUERIA

PL. SANT JAUME

⑬ ⑫

C. SANT PAU

C. JAUME I

⑭

CARRER FERRAN

⑱ ⑰ ⑮ ⑯

PLAÇA REIAL

CARRER NOU DE LA RAMBLA

CARRER AVINYÓ

⑲ C. ESCUDELLERS

CARRER ARC DEL TEATRE

⑳

PLAÇA TEATRE

AV. DRASSANES

LA RAMBLA

PTGE. DE LA PAU

CARRER AMPLE

C. JOSEP ANSELM CLAVÉ

VIA LAIETANA

㉑

C. PARC

PASSEIG DE COLOM

PL. PORTAL DE LA PAU

MOLL DE LA FUSTA

MOLL 16 A DE BOSCH I ALSINA

MOLL D'ESPANYA

MOLL DE LES DRASSANES

㉒

Die Rambla im Abschnitt Santa Mónica

Bis 1860, dem Jahr, in dem Ildefonso Cerdàs Ensanche-Viertel (»Stadterweiterung«) Gestalt anzunehmen beginnt, war Barcelona eine in mittelalterliche Stadtmauern gepferchte Stadt. Ihre Hauptschlagader waren die Ramblas (vom arabischen *ramla*, sandiger Boden). Im 18. Jahrhundert wurden an den mit Mauern befestigten Rändern dieser »riera« (eigentlich Sturzbach) Klöster und Wohnhäuser erbaut. Am Ende dieses Jahrhunderts befüllte und pflasterte man die Ramblas und bestückte sie mit Bäumen, und sie entwickelten sich zu einem Kanal städtischen Lebens, dessen Teilstücke nach den bemerkenswertesten, mehrheitlich ordenseigenen Gebäuden benannt wurden: Rambla de Canaletas, de los Estudios (nach dem Allgemeinen Studienzentrum oder der Universität des 15. bis 18. Jahrhunderts), de las Flores oder San José, del Centro oder de los Capuchinos und Rambla Santa Mónica.

Canaletas

Der Abschnitt Rambla de Canaletas bietet sich für Verabredungen ebenso an wie für Zufallsbegegnungen. Der Name Canaletas soll von Türmen stammen, die sich im Mittelalter am obersten Ende der Ramblas erhoben, doch seinen Ruf hat der Ort vom Brunnen, der Besucher und Fußballfans wie in einem Initiationsritus anzieht.

Folgen wir also Carlos Ruiz Zafóns Figuren. Ihr Lieblingsbarcelona ist »schon immer das im Oktober gewesen, wenn seine Seele spazieren geht und man bereits weiser wird, wenn man nur vom Canaletas-Brunnen trinkt, dessen Wasser in diesen Tagen wie durch ein Wunder nicht einmal nach Chlor schmeckt …«. Sie gehen »leichten Schrittes« voran, weichen »den Schuhputzern, Bürohengsten, die vom Vormittagsespresso zurückkamen, Losverkäufern und einem Ballett von Straßenkehrern aus, welche die Stadt gemächlich und wie mit dem Pinsel zu polieren schienen«.

Schräg gegenüber dem populären Brunnen befindet sich das Café Canaletas, wo Daniel Sempere, Protagonist von *Der Schatten des Windes*, eines Sonntags mit Fermín Romero de Torres frühstückt. Außerdem gab es hier einen bekannten pavillonähnlichen Getränkestand, der 1951 abgerissen wurde. Es war kein Zeitungskiosk, wie sie sich auf den Ramblas sozusagen die Hand reichen, sondern eine Art Stammtisch, wo einem der Schuhputzer die Stiefel wienerte, während man dazu die Zeitung las oder das Neuste vom Fußballtag kommentierte. Heute ist das Café Canaletas ein Hamburgerlokal, und von dem ehemaligen Getränkestand bleiben nur noch vergilbte

Canaletas-Brunnen

Fotos. Daniel kommt oft am Brunnen vorbei. Er kauft die Zeitung, beschnuppert die frische Druckerschwärze und schaut dem Treiben am Eingang des U-Bahnhofs zu, ehe er zu den Eisenbahntunneln hinabtaucht, in diese unterirdische Avenida de la Luz, die ihn zu den abgeschotteten Welten von Sarriá und dem Tibidabo befördert: »Die Abendzeitungen brachten die Meldung auf der ersten Seite, mit Fotos von den verschneiten Ramblas und dem in Stalaktiten erstarrten Canaletas-Brunnen. DER JAHRHUNDERTSCHNEE, verhießen die Schlagzeilen.« Daniel lässt sich auf eine Bank auf dem Bahnsteig fallen und atmet »die Tunnelluft und den Ruß ein, der dem Rumpeln der noch unsichtbaren Züge vorausgeht. Auf der andern Seite der Gleise sah man auf einem Werbeplakat für die Wonnen des Rummelplatzes auf dem Tibidabo die kirmeshaft beleuchtete blaue Straßenbahn, und dahinter konnte man die Umrisse des Aldaya-Hauses erahnen.«

Ins Café Canaletas setzt sich ebenfalls David Martín in *Das Spiel des Engels.* Er hat sämtliche Zeitungen gekauft, um die Besprechungen des Romans *Das Aschenhaus* zu lesen, den sein Konkurrent veröffentlicht hat, der aristokratische Plagiator Pedro Vidal. Die Kritiker loben Vidal mit großen Schlagzeilen und ignorieren Martíns Roman *Die Schritte des Himmels*: »Ich ließ die Zeitungen auf dem Tisch liegen und den Kaffee unberührt stehen und ging die Ramblas hinunter. (…) Unterwegs kam ich an vier oder fünf Buchhandlungen vorbei, alle mit zahllosen Exemplaren von Vidals Roman im Schaufenster. In keinem fand ich auch nur ein einziges Exemplar des meinen.«

Wir folgen David Martín und sehen gegenüber dem

Canaletas-Brunnen die Eingangshalle des Capitol, früher
Kino und heute Theater. In den aschenen Nachkriegs-
tagen kommt Daniel Sempere auf dem Heimweg an diesem Kino vorbei. Wegen seiner monothematischen Wes-
tern-Programmierung allgemein als *die Revolverküche*
bekannt, fiel das Capitol durch seine grellbunten Plakate
auf, geschaffen von Malern, die zwar nicht in die Nach-
welt eingehen werden, deren Bilder aber die *éducation
sentimentale* mehrerer Generationen prägten. Auch wenn
es wie aus Eimern gießt, bleibt Daniel vor den Werken
dieser anonymen Künstler stehen: »Auf dem Rückweg in
die Buchhandlung kam ich am Kino Capitol vorbei, wo
zwei Maler auf einem Gerüst verzweifelt zuschauten,
wie das Plakat, dessen Farbe noch nicht trocken war, im
Regen zerfloss.«

Handschuhladen Alonso (Calle Santa Ana 27)

53

Etwas weiter unten finden wir das Poliorama-Theater, das in dem Haus mit dem Observatorium beheimatet ist, wohin sich der Schriftsteller George Orwell im Mai 1937 flüchtete. Neben dem Poliorama setzen sich Daniel und Bea, nachdem sie sich in der Universität getroffen haben, in ein altes Café, in dem sich heute das Viena befindet. Sie unterhalten sich über Julián Carax. »Also«, sagt Daniel, »das ist eine Geschichte, die von Büchern handelt. (…) Von verfluchten Büchern, von dem Mann, der sie geschrieben hat, von jemandem, der aus den Seiten eines Romans entwischt ist, um ihn zu verbrennen, von einem Verrat und einer verlorenen Freundschaft. Es ist eine Geschichte von Liebe, Hass und den Träumen, die im Schatten des Windes hausen.« Nachdem sie das Café verlassen haben, es ist schon stockdunkel, wird Daniel Bea zum Friedhof der Vergessenen Bücher führen.

Die Buchhandlung in der Calle Santa Ana

Daniel lebt mit seinem Vater in einer kleinen Wohnung in der Calle Santa Ana, an einer Ecke des Platzes mit der gleichnamigen Kirche und über der auf Liebhaberausgaben spezialisierten Buchhandlung. Wenn wir die Ramblas hinuntergehen, stehen uns an der ersten Ecke linker Hand zwei Wege offen: die Calle Santa Ana und die Calle Canuda. Wir nehmen den ersten. In der Nr. 27 befindet sich das Handschuhgeschäft Alonso, von dem die Buchhandlung in *Der Schatten des Windes* inspiriert ist. Vom hinteren Teil von Semperes Wohnung aus kann man die

Santa-Ana-Kirche

Santa-Ana-Kirche sehen. Über den gepflasterten Platz
gelangen wir zur Kapelle, in der Daniel Bea heiraten wird
und die auf den Templerorden zurückgehen soll. Vor
demselben Altar werden auch Fermín Romero de Torres
und die Bernarda in *Der Gefangene des Himmels* getraut.
»In seinem Voreheeifer hatte Fermín sogar mit dem neuen
Pfarrer der Santa-Ana-Kirche, Don Jacobo, Freundschaft
geschlossen, einem Priester aus Burgos mit entspannter
Ideologie und den Manieren eines pensionierten Boxers,
den er mit seiner maßlosen Dominoleidenschaft ange-
steckt hatte.« Allsonntäglich nach der Messe sind Don
Jacobo und Fermín Gäste des Traditionsrestaurants El
Almirall in der Calle Joaquín Costa. Auf den Marmortischen verschieben sie bei anzüglichen Witzen und Mont-
serrat-Likör die Dominosteine.

Fermíns Trauung, an der in *Der Gefangene des Himmels* auch Daniel teilnimmt, findet im Februar 1958 statt. »Die Braut war ganz in Weiß, und obwohl sie kein großes Geschmeide oder sonstigen Schmuck trug, hat es in der Geschichte keine Frau gegeben, die in den Augen des Bräutigams schöner war als die Bernarda an diesem strahlenden Tag Anfang Februar auf dem Vorplatz der Santa-Ana-Kirche. Don Gustavo Barceló, der so ziemlich sämtliche Blumen Barcelonas aufgekauft hatte, um damit den Kircheneingang zu überschwemmen, weinte wie ein Schlosshund, und der Pfarrer, Freund des Bräutigams, überraschte uns alle mit einer glanzvollen Predigt, die selbst Bea, sonst nicht so leicht weichzukriegen, zu Tränen rührte.«

In *Das Spiel des Engels* gehen wir in der Sempere-Saga eine Generation zurück; David Martín weilt am liebsten in ebendieser Buchhandlung in der Calle Santa Ana: Dieser Ort »mit dem Geruch nach altem Papier und Staub war mein Heiligtum und mein Zufluchtsort. (…) Das Schaufenster der alten Buchhandlung warf einen schwachen Schimmer auf die feucht glitzernden Pflastersteine.«

Einmal, in den zwanziger Jahren, schenkt Señor Sempere David ein vergilbtes Exemplar von Charles Dickens' *Große Erwartungen* zu Weihnachten – der künftige Schriftsteller wird es neunmal hintereinander lesen. Er ist eine solche Leseratte, dass er für dieses Buch sein Leben hergäbe. Zu einem anderen Weihnachten, im Jahr 1957, erscheint ein Unbekannter in der Buchhandlung,

Rechte Seite: Blick in die Puerta del Ángel von der Plaza de Cataluña aus

der, nachdem er hinkend jeden Winkel erschnüffelt hat, vor der Ebenholzvitrine stehen bleibt, in der die kostbarsten Exemplare verwahrt werden. Nach einem »alles andere als freundlichen Grinsen« zeigt er sich ganz versessen auf eine Ausgabe des *Grafen von Monte Christo*. Es ist ein sehr kostbares, nummeriertes Exemplar mit Bildtafeln von Arthur Rackham, das fünfunddreißig Peseten kostet. Der Käufer, dessen eine Hand eine Prothese ist, schreibt eine rätselhafte Widmung auf die erste Seite, gezeichnet mit der Nummer 13: »Für Fermín Romero de Torres, der von den Toten auferstanden ist und den Schlüssel zur Zukunft hat.«

Wenn wir durch die Calle Santa Ana weitergehen, gelangen wir zur Puerta del Ángel. Daniels Blick bleibt oft im dunstigen Licht der Laternen hängen, bis er eines Tages eine beunruhigende Silhouette entdeckt, die ihn zu erwarten scheint: »Die Gestalt hob sich von einem Stück Schatten ab, das reglos auf dem Straßenpflaster lag.« Wenn nötig, nimmt Daniel auch die Verfolgung eines Kunden auf. »Ein Berufsbuchhändler kann nicht oft vor Ort die hohe Kunst erlernen, einen Verdächtigen zu beschatten, ohne entdeckt zu werden. Abgesehen davon, dass ein großer Teil seiner Kundschaft der Zunft der säumigen Zahler angehört, beschränkte sich sein Kontakt zur Welt der Delinquenz auf die Lektüre von Detektivgeschichten und Groschenromanen in den eigenen Regalen.« Den Hinker, der ihm soeben die *Monte-Christo*-Ausgabe abgekauft hat, wird er nicht aus den Augen verlieren. Er folgt ihm die Ramblas hinunter.

Nahe der Puerta del Ángel gibt es in der schattigen Calle Montsió einen Winkel aus den Gründertagen des

Von Picasso gestaltete Speisekarte von Els Quatre Gats

Modernismus: Els Quatre Gats – das Lokal, wo Picasso seine ersten Zeichnungen skizzierte und die Gäste zu trinken und zu essen aufforderte und sie einlud, sich beim Marionettentheater des Lokalgründers, des Bonvivants Pere Romeu, zu amüsieren.

Els Quatre Gats

In *Der Schatten des Windes* nimmt Daniel Sempere an dem Bibliophilenstammtisch teil, dem der Buchhändler Gustavo Barceló im Els Quatre Gats vorsitzt, zwischen Schmiedeeisenarbeiten und einem Bild von Ramon Casas, auf dem dieser mit Pere Romeu auf einem Tandem sitzt: »Steinerne Drachen bewachten die tief verschattete Fassade, und die Gaslaternen an der Ecke froren Zeit und Erinnerungen ein.« An diesen Tischen, die Ende des 19. Jahrhunderts Picasso und Albéniz teilten, hatten sich Daniels Eltern kennengelernt, und in diesem Lokal zeigen der Buchhändler Sempere und sein Sohn Barceló das eben aus dem Friedhof der Vergessenen Bücher gerettete Buch des rätselhaften Julián Carax. Barceló spielt die Bedeutung des Buches herunter und will es Daniel abkaufen, doch der gibt es nicht her.

Das Barceloneser Athenäum

Wir gehen wieder auf die Puerta del Ángel zurück und suchen auf der rechten Seite die Calle Canuda. Eigentlich ist unser Ziel das Barceloneser Athenäum, doch zuvor wollen wir uns eine ähnliche Buchhandlung ansehen, wie sie die Semperes führen. In der Nr. 24, zu unserer Linken, beschert uns das Antiquariat Farré, in seiner Gründungszeit als Die Sonne und der Mond bekannt, einige winzige Schaufenster mit alten Büchern, Raritäten und bibliophilen Bänden mit bunten Umschlägen. Die Calle Canuda mündet auf einen Platz mit einer römischen Totenstadt, auf die die eine Seite des Athenäums hinausgeht.

Eine neuerliche Begegnung mit Gustavo Barceló führt Daniel zu dem alten Gebäude in der Canuda 6. Seit 1906 in einem kleinen neugotischen Palast untergebracht, »war – und ist – das Athenäum einer der vielen Winkel Barcelonas, wo das 19. Jahrhundert noch nichts von seiner Pensionierung mitbekommen hat«. Obwohl die einzelnen Räume renoviert worden sind, bewahrt das Haus nach wie vor den altmodischen Charme seines Haupteingangs, des einsamen Patios mit den schwungvollen Palmen und der stillen Bibliothek. Wir gehen mit Daniel hinauf: »Die steinerne Vortreppe führte von einem höfischen Patio zu einem geisterhaften Netzwerk aus Galerien und Lesesälen empor, wohin neumodische Erfindungen wie Telefon, Eile oder Armbanduhr noch nicht vorgedrungen waren. Der Pförtner, oder vielleicht war es bloß eine Statue in Uniform, zuckte bei meinem Kommen kaum mit der Wimper. Ich glitt in den ersten Stock hinauf und pries die Flügel eines Ventilators, der inmitten von eingeschlummerten, auf ihren Büchern und Zeitungen wie Eiswürfel dahinschmelzenden Lesern schnurrte.«

Im nämlichen Athenäum wird Daniel zwischen Büchern und Geflüster Clara kennenlernen, die blinde Nichte des Buchhändlers Barceló – ein schönes Wesen »mit Porzellanteint und weißen Augen«. In diese Geisteshochburg hatte sich Jahre zuvor auch David Martín geflüchtet. Versteckt in seinen Lesesälen, grübelte er, wann sich wohl sein angeblicher Wohltäter einstellen würde, der dämonische Andreas Corelli.

Der reichhaltige Fundus der Athenäumsbibliothek ist der geeignete Ort für Recherchen. In *Der Gefangene des Himmels* verfolgt Daniel in den Archiven den Senkrechtstarterwerdegang von Mauricio Valls, dem Folterer des Montjuïc von 1939, der zwanzig Jahre später im Franco-Spanien ein hohes Kulturamt bekleidet. In alte Zeitungen und Katalogkarten versunken, verbringt er »unendliche Stunden, über und zwischen den Zeilen, verglich Geschichten und Versionen, katalogisierte Daten und erstellte Listen mit Erfolgen und im Keller versteckten Leichen«. Die Erinnerung an seine ersten Besuche in den Räumen des Athenäums erfüllen ihn mit Nostalgie und einem gewissen Schuldgefühl: »An diesen einsamen Abenden in der alten Athenäumsbibliothek lernte ich zu hassen – an einem Ort, wo vor nicht allzu langer Zeit meine Sehnsüchte reineren Dingen gegolten hatten, der Haut meiner ersten unmöglichen Liebe, der blinden Clara, oder den Mysterien von Julián Carax und seinem Roman *Der Schatten des Windes*.«

Petritxol

Wir verlassen das Athenäum und kehren zu den Ramblas zurück, nicht ohne vorher einen Blick in die Buchhandlung Canuda mit ihrem Geruch nach bejahrtem Papier geworfen zu haben. Ein schmaler Gang führt zum Ausstellungsraum und zu zahllosen Regalen mit Bänden aller

S. 62/63: Eingangspatio des Barceloneser Athenäums

Epochen, Verlage, Preise und Genres. Auf den Ramblas halten wir uns links unter den Säulengängen des Moja-Palasts, wo der Dichter Jacinto Verdaguer als Hauskaplan der Marquisen Comillas wirkte. Die erste Querstraße, auf die wir treffen, ist die Puertaferrisa mit einem Brunnen, der an das ummauerte Barcelona des Mittelalters erinnert, und der Eisentür, die ihr den Namen gab. Außer dem Moja-Palast finden wir in der Puertaferrisa mehrere Häuser aristokratischen Zuschnitts mit ihren breiten Eingangshallen, in denen die Fuhrwerke Platz fanden. In einem dieser kleinen Paläste, verlassen und beinahe in Ruinen, wohnte Miquel Moliner, Freund von Julián Carax und Gefährte von Nuria Montfort. Unrettbar krank, landet er schließlich in einer Pension in der Calle Canuda, »einem düsteren, feuchten Loch, das in Farbe und Geruch einem Beinhaus glich«.

Die zweite Querstraße der Puertaferrisa rechter Hand ist ein Muster an Weltläufigkeit und Bürgertugend; auf Kacheln im naiven Stil beschwören die Ansässigen die hehre Erinnerung an die einstigen Bewohner der Straße herauf und legen dem Spaziergänger nahe, das Weltengetümmel zu vergessen. Antiquare und Kunstgalerien wie die historische Sala Parés bekräftigen den Spruch auf einer der die Straße säumenden Kacheln: *Ací la mare de Déu ens diu que el temps passa lleu* (»Hier sagt uns die Muttergottes, dass die Zeit leicht vergeht«).

Daniel führt die blinde junge Clara durch dieses Barcelona, »das nur sie und ich sehen konnten« – ein Spaziergang, der in einem Café der Petritxol bei einer heißen Schokolade mit Sahne (einem »Suizo«) und Honigpfannkuchen gipfelt. Die beiden bekanntesten Cafés sind die

1947 gegründete La Pallaresa in der Nr. 11, schon fast bei der Plaza del Pino, und die Dulcinea aus dem Jahr 1941. 1957 wird Bea dort bei Sahnekakao mit der bekümmerten Bernarda zusammensitzen, weil diese schwanger ist und befürchtet, Fermín werde sie nicht mehr heiraten wollen, wenn er von ihrem Zustand erführe.

In diese Lokale der Petritxol war Jahre zuvor David Martín während seines Idylls mit Cristina Sagnier gegangen, dem jungen Mädchen, das Pedro Vidal heiratet, den Aristokraten mit Loge im ersten Rang des Liceo-Theaters und herausragende Persönlichkeit im Zirkel gleichen Namens. Die Familie Vidal wird ihn zur Premiere von *Madame Butterfly* einladen. In der Loge bleibt David mit Cristina allein, »nur wir zwei ohne ein weiteres Schutzschild als Puccini und die Hunderte ins Halbdunkel des Theaters getauchten Gesichter«.

Das Liceo-Theater

Seit seiner Erbauung 1847 ist das Liceo die bürgerliche Tribüne Barcelonas und der Musikfreunde, die sich keine Loge leisten können und sich mit dem Olymp zufriedengeben müssen. Wir befinden uns auf dem Weg dorthin, doch nach dem Verlassen der Calle Petritxol überqueren wir zuvor die Plaza del Pino mit ihrer gotischen Kirche. Die riesige Rosette von Santa María del Pino warf ihr buntes Licht auf die Verbindung von Antoni Fortuny

Linke Seite: Café Dulcinea in der Calle Petritxol

und Sophie Carax, bevor die Untreue die Ehe zunichtemachte. Damals gab es auf dem Platz noch eine Kunstdruckerei, die ihre Pforten 1789 geöffnet hatte, im Jahr der Französischen Revolution also, und in deren Schaufenstern Heiligenbilder und pädagogische Postkarten zu sehen waren. Heute ist das alte Haus verschlossen, und von jener Ikonographie, dank der man Himmel und Erde für den bescheidenen Preis eines Farbdrucks durchwandern konnte, ist nichts mehr zu sehen.

Die Calle del Cardenal Casañas bringt uns wieder auf die Ramblas und lenkt unseren Blick auf Bruno Quadros' spektakuläres Haus, ehemals ein Schirmladen in orientalisierendem Jugendstil, jetzt eine Bankfiliale. Der Drache und der Regenschirm, in der Luft hängend wie eine Magritte-Schöpfung, wecken die Aufmerksamkeit der Spaziergänger, ebenso wie die prächtigen Vignetten, die den Palmfächer mit chinesischen Bildwelten verbinden.

Die beiden jungen Protagonisten von *Marina* bestaunen den nächtlichen Glanz der Ramblas. »Vor uns erhob sich die Silhouette des Liceo-Theaters. Es war ein Abend mit Operngala, und das Lichterdiadem des Vordachs war an.« Óscar und Marina betrachten auch die ehemalige Regenschirmmanufaktur, die der spektakuläre chinesische Drache dominiert: »Auf der anderen Seite des Boulevards erkannten wir an einer Ecke der Fassade den grünen Drachen des Fotos, der die Menge betrachtete. Bei seinem Anblick dachte ich, die Geschichte habe die Altäre und Farbbildchen für den heiligen Georg reserviert, dem Drachen aber sei auf ewig Barcelona zugefallen.«

Gegenüber dem Liceo, in der Nr. 74, befindet sich das von unseren Spaziergängern besuchte Café de la Ópera.

Liceo-Theater (Barceloneser Oper)

Zu David Martíns Zeit, um 1929, wurde ein Kaffee für 35 Céntimos serviert, und an den Marmortischen unterhielten sich die Künstler des Liceo, das als Opernhaus dem Lokal seinen Namen gegeben hatte. David wird sich an »einen Abend im Café de la Ópera in Gesellschaft

69

Café de la Ópera

einer Musiklehrerin namens Alicia« erinnern, »welcher ich vermutlich dabei half, jemanden zu vergessen, der sich nicht vergessen ließ«.

Das mythische Café de la Ópera wird Schauplatz einer brutalen Episode sein: Nach dem Krieg trifft sich dort Isabella, Daniel Semperes Mutter, mit Mauricio Valls, dem schuftigen Direktor des Montjuïc-Gefängnisses, wo der Schriftsteller David Martín vor sich hin fault, den seine Mitinhaftierten den Gefangenen des Himmels nennen. Nachdem sie einen dubiosen Kamillentee getrunken hat, steht Isabella schwankend auf: »Valls konnte sehen, wie sich ihre Pupillen langsam weiteten und ein Schweißfilm auf ihre Oberlippe trat. (…) Sie wich zurück und stieß auf dem Weg zum Ausgang mit dem Kellner zusammen.«

Wir überqueren die Ramblas und gehen mit Daniel Semperes Vater ins Liceo. Sein Kollege Gustavo Barceló hat ihn zu Wagners *Tannhäuser* eingeladen, ein Komponist, der in Barcelona Furore macht. »Seit wann magst du denn Wagner?«, fragt ihn sein Sohn. Der Vater zuckt die Schultern: »Einem geschenkten Gaul … Außerdem ist es mit Barceló egal, was für eine Oper gegeben wird, er kommentiert während der ganzen Vorstellung das Spiel und kritisiert die Kostüme und das Tempo.«

Hotel España

Zum Liceo gelangt man über die Ramblas und die von ihnen abgehende Calle de San Pablo. Am Vormittag kann man in Letzterer die Stimmen der Sänger hören, die ihren

Part üben. Mit ihren Art-nouveau-Arabesken heißt uns die American Soda Bar willkommen, und etwas weiter, in der Nr. 10, stoßen wir auf das Hotel España, wo in *Das Spiel des Engels* die Aristokratenfamilie Vidal ein Zimmer dauerreserviert hat. Zu Beginn des 20. Jahrhunderts von Domènech i Montaner neu gestaltet, besitzt das Hotel einen der schönsten Speisesäle modernistischer Innenarchitektur – Schmiedeeisenarbeiten, Kassettendecken aus vornehmem Holz und Sirenengemälde in sanften Grüntönen von Ramon Casas. David Martín sucht im España Cristina, doch statt der geliebten Frau entdeckt er Andreas Corellis unwillkommene Erscheinung. »An einem der Tische saß der Patron, der einzige Gast im ganzen Speisesaal«, vor einer Tasse Kaffee voller Zuckerstücke.

Wir kehren zum Drachen und seinen Regenschirmen auf den dichtbegangenen Ramblas zurück und lassen uns auf dem Mittelstück vom Strom bis zu einer weiteren Querstraße forttragen.

Die Buchhandlung von Gustavo Barceló

Gustavo Barceló, ein Kollege von Señor Sempere, besitzt in der Calle Fernando eine »höhlenartige Buchhandlung«. Eine Besonderheit dieses Ladens war, erinnert sich David Martín, »dass hier von den Büchern wie von hochrangigen Weinen gesprochen wurde – samt Bouquet, Aroma, Konsistenz und Jahrgang«. Immer an einer erloschenen Pfeife hängend, hat Barceló aristokratische Anwandlungen und will sogar entfernt mit Lord Byron verwandt sein.

Tief ins Verfassen des Buches für Corelli versunken, bittet David Martín den Spezialisten um Rat – er braucht eine gute Bibelausgabe. »Barceló, neben vielem anderen ein beharrlicher Sammler von Heiligen Schriften und apokryphen christlichen Texten, hatte im hinteren Teil der Buchhandlung einen abgetrennten Raum mit einer famosen Auswahl an Evangelien, Legenden von Seliggesprochenen und Heiligen sowie frommen Texten aller Art.« Schließlich findet er das Gesuchte: eine Bibel von Torres Amat, »Jahrgang« 1893.

Plaza Real

Wir verlassen den nur im Buch zugänglichen bibliophilen Tempel und betreten unter den steinernen Laubengängen die Plaza Real mit ihrem Brunnen, ihren Palmen und den Restauranttischen im Freien, wo humpenweise Bier ausgeschenkt und Pommes frites serviert werden – einem Mischmasch von Touristen und halbseidenen Stammgästen. Aus einem dieser Etablissements, dem Hostal Ambos Mundos, schleppen in *Das Spiel des Engels* zwei Kellner David Martín zu einer Bank, nachdem er zu viel getrunken hat, um seinen Literatur- und Liebesfrust zu vergessen.

Unter den düsteren Bogen des Platzes, einer Galerie des Elends und der Ausgegrenzten, stößt Daniel Sempere an einem aschfarbenen Tag auf den gelehrten Vagabunden Romero de Torres, »an seinem gewohnten Ort unter den Arkaden der Calle Fernando. Der Bettler stu-

dierte eben die arg zerknitterte, einem Papierkorb ent-
nommene Frontseite des *Montagsblatts*.«

Der Buchhändler Barceló und seine Nichte Clara bewohnen einen geräumigen ersten Stock in einem der auf
den Platz hinausgehenden Häuser. Die Wohnung »nahm
die Fläche des ganzen Gebäudes ein und beschrieb einen
Kreis von Galerien, Salons und Gängen«, die Daniel, an
die bescheidene Behausung in der Calle Santa Ana gewohnt, »wie eine verkleinerte Ausgabe des Escorials«
vorkommen. Der Jugendliche besucht sie fast täglich;
nachdem er sich ein Klavierrezital angehört und in Don
Gustavos reich bestückter Bibliothek herumgeschnüffelt
hat, nimmt er Clara mit auf einen Spaziergang über den
Platz oder zur Kathedrale.

Von der Plaza Real gehen mehrere Straßen ab, alle eng
und nur spärlichst beleuchtet. Die Calle Dels Tres Llits
(»der drei Betten«) – ihr Name stammt von einem ehemaligen Bordell – mündet nach wenigen Metern in die Calle
de la Lleona. In deren Nr. 21 wohnt Ricardo Salvador, der
Mann, der zu viel über den Tod des Anwalts Marlasca
weiß. In *Das Spiel des Engels* wagt sich David Martín in
dieses Gässchen hinein, »beinahe so düster wie sein Ruf.
Es entsprang den schattigen Bögen der Plaza Real und
wuchs sich ohne Sonnenlicht zu einer feuchten Spalte
zwischen alten, dicht gedrängten, von einem durchge-
henden Netz aufgehängter Wäsche verbundenen Häusern aus.« Ein Bühnenbild des Barcelona, das Martín
in seinem Roman *Die Stadt der Verdammten* beschreibt:
»Von den altersschwachen Fassaden blätterte der Ocker
ab, und über das Pflaster aus Steinplatten war in den Ge-
waltjahren der anarchistischen Aufstände viel Blut ge-

flossen.« In der Nr. 21, die es in Wirklichkeit nicht gibt, die Straße ist viel kürzer, stellt David angeekelt fest, dass »zwischen den Fugen und Bodenfliesen eine dunkle, schleimige Flüssigkeit herausquoll«. Die Beschreibung rät vom Aufsuchen dieser Straße in Dämmerstunden aus Gründen der persönlichen Sicherheit und rund um die Uhr aus solchen der öffentlichen Hygiene ab.

Nach dem Besuch bei Ricardo Salvador betrachtet David Martín eine Plaza Real, die im »staubigen Licht der untergehenden Sonne die Passanten in rote Farbe« taucht. Seine Schritte führen ihn einmal mehr zur Buchhandlung Sempere in der Calle Santa Ana, wo er endlich »den Geruch von Papier und Magie« einsaugen kann, »den in Flaschen abzufüllen unerklärlicherweise noch nie jemandem eingefallen war«.

Rambla 46–48

Von der Plaza Real geht es zurück zu den Ramblas, zu einem Fotostudio. Óscar Drai und Marina stellen Nachforschungen über eine Aufnahme an, auf deren Rückseite in kaum noch leserlichen Buchstaben die Adresse des Fotostudios Martorell-Borrás steht, in der Rambla de los Capuchinos 46–48, erster Stock. Das Bild stammt aus dem Jahr 1951 und gehört einem gewissen Dr. Joan Shelley. Im Haus dieser Nummer finden wir nur einen Souvenirshop, aber wenn wir bis zur Nr. 40 weitergehen, bis zum Pasaje Bacardí, der zur Plaza Real führt, gelangen wir zum alteingesessenen Film- und Fotoladen Arpi.

Óscar und Marina gehen in den ersten Stock eines »herrschaftlichen Hauses mit düsterer Beleuchtung« hinauf, dessen Türklopfer »schmiedeeiserne Engelsgesichter« sind. Bunte Scheiben rufen im Oberlicht des Hauses einen kaleidoskopischen Effekt hervor.

Die *Marina*-Protagonisten suchen Shelleys Haus mehrmals auf. Nachts durchquert Óscar mit großen Schritten das Raval-Viertel, biegt in die Calle del Asalto ein und gelangt auf die von einer Handvoll Nachtschwärmer begangenen Ramblas: »Die erleuchteten Kioske sahen aus wie gestrandete Schiffe.« Er geht zur Wohnung von Dr. Shelley und seiner Tochter María. Die Fassade erscheint ihm als »eine Maske aus Reliefs und Wasserspeiern, die ganze Bäche von Schmutzwasser ausspuckten. An der Ecke drang aus einem Fenster eine Handbreit goldenen Lichts.«

Hotel Oriente

Auf der anderen Seite der Ramblas, in den Nummern 45 bis 47, wahrt das Hotel Oriente seine jahrhundertealte Tradition. In einem seiner Zimmer wohnte im September 1862 der Schriftsteller Hans Christian Andersen. Der Autor von *Die kleine Meerjungfrau* steht am Anfang einer endlosen Liste berühmter Hotelgäste. Das Oriente-Gebäude wird in *Das Spiel des Engels* von David Martín betrachtet, den die Avancen Corellis beunruhigen und quälen: »Ein leichter, warmer Nebel kam vom Hafen her, und das Funkeln der großen Fenster des Hotels Oriente färbte ihn zu einem schmutzig-staubigen Gelb, in dem sich die Passanten wie Dunstfetzen auflösten.«

Calle Escudellers

Über den gegenüberliegenden Gehweg, bei der Statue zu Ehren des Dramatikers Pitarra, gelangen wir in die Calle Escudellers, wo man einst die beste Schneiderei, das beste Lebensmittelgeschäft und eine Vielzahl von Bordellen fand. In *Der Schatten des Windes* geht, vom redefreudigen Fermín Romero de Torres »eingeladen«, Daniel Sempere in eines dieser Etablissements. Am darauffolgenden Tag wird der junge Mann Bea heiraten, und sein Freund, der ehemalige Bettler, hat ihm einen Abschied vom Junggesellendasein organisiert: »Am angezeigten Abend folgte ich ihm gehorsam zu einem schmutzigen Lokal in der Calle Escudellers. Eine Gruppe Damen von weitem Erfahrungshorizont empfing uns mit strahlendstem Lächeln.« Fermín hat ihm die Rociíto reserviert, eine Person »in rotem Kunstseidenkleid und all ihrer Pracht, die ich nahe bei neunzig Kilos ansiedelte«, typisches Beispiel für das fleischliche Angebot, wie es in der Nachkriegszeit in der Calle Escudellers und den Winkeln der Calle del Gínjol und der Animierbar La Buena Sombra reichlich feilgehalten wurde.

Die Umgebung der Pitarra-Statue, die heute von der Pompeu-Fabra-Universität beherrscht wird, war seinerzeit ein Forum käuflicher Liebe. Als die alten Häuser abgerissen wurden, blieben die Spuren der zu ewigem Warten verurteilten Damen in die marmornen Bodenplatten eingezeichnet.

Der Friedhof der Vergessenen Bücher

Kehren wir noch einmal zu jener Morgendämmerung im Sommer 1945 zurück. Fünf Uhr früh auf der dunstigen Rambla de Santa Mónica. Ein Vater enthüllt seinem zehnjährigen Sohn ein Geheimnis, das dieser bewahren muss: »Daniel, was du heute sehen wirst, darfst du niemandem erzählen.« Die Calle Arco del Teatro macht ihrem Namen alle Ehre, sie ist wie ein phantastisches Portal, »nur eine Bresche zwischen düster-baufälligen Häusern, die sich wie steinerne Weiden vornüber zu neigen schienen, um die von den Dächern gezogene Linie des Himmels zu verschließen«. Der Name der Straße spielt auf das Principal-Theater an, eines der ältesten ganz Spaniens, eingeweiht im 18. Jahrhundert für die Wohltätigkeitsaufführungen des Santa-Cruz-Theaters.

Daniel Sempere folgt seinem Vater »auf diesem engen Weg, eher Scharte als Straße, bis sich der Abglanz der Rambla hinter uns verlor«. Vor einem vom Alter schwarz gewordenen Holzportal in barocker Fassade bleibt der Vater stehen und klopft dreimal mit einem Bronzeklopfer in Form eines kleinen Teufels an. Es öffnet ihnen »ein Männchen mit dem Gesicht eines Raubvogels und silbernem Haar«. Das ist Isaac, Wächter des Friedhofs der Ver-

Rechte Seite: Calle Arco del Teatro

gessenen Bücher. Eine breite Marmortreppe und eine Galerie mit Fresken voller Engels- und Fabelfiguren führen zu einem »riesigen, kreisförmigen Saal, wo sich eine regelrechte Kathedrale aus Dunkelheit zu einer von Lichtgarben erfüllten Kuppel öffnete«.

»Das Bücherlabyrinth war in geisterhaften Inseln zu erahnen, die sich unter dem Schleier der Dunkelheit zeigten.« Was ist der Friedhof der Vergessenen Bücher? Señor Sempere, Buchhändler aus Leidenschaft, erklärt es seinem Sohn so: »Was du hier siehst, Daniel, ist ein geheimer Ort, ein Mysterium. Jedes einzelne Buch hat eine Seele. Die Seele dessen, der es geschrieben hat, und die Seele derer, die es gelesen und erlebt und von ihm geträumt haben. Jedesmal, wenn ein Buch in andere Hände gelangt, jedesmal, wenn jemand den Blick über die Seiten gleiten lässt, wächst sein Geist und wird stark. (…) Wenn eine Bibliothek verschwindet, wenn eine Buchhandlung ihre Türen schließt, wenn ein Buch dem Vergessen anheimfällt, dann versichern wir uns, die wir diesen Ort kennen, also die Aufseher, dass es hierhergelangt.« Der Brauch will, dass der junge Besucher ein Buch aussuchen und adoptieren muss, damit es niemals verschwindet – eine Verantwortung, die sein Leben prägen wird.

Nachdem er das nach feuchtem, altem Papier riechende magische Labyrinth inspiziert hat, fällt Daniels Blick auf ein in weinrotes Leder gebundenes Buch: *Der Schatten des Windes* von Julián Carax, 1935 bei Cabestany Editores veröffentlicht. Er wird ein weiteres Mal herkommen und leise in diesen »nach verbranntem Wachs und Feuchtigkeit« riechenden Ort eindringen. Das Portal schließt sich hinter ihm wie »die Eingeweide eines Automaten«. Das Spiel der Mechanismen erscheint Daniel eines Jules Verne würdig, aber Isaac, »dieser Mann irgendwo zwischen Charon und dem Bibliothekar von Alexandrien«, sagt ihm, es passe eher zu Kafkas labyrinthischen Universen.

In *Das Spiel des Engels* begleitet Daniel Semperes Großvater David Martín zum Friedhof der Vergessenen Bücher und stellt ihm Isaac Monfort vor, Nuria Monforts Vater, Wächter in dieser Erinnerungsbasilika. David ist hergekommen, um hier seinen erfolglosen Roman *Die Schritte des Himmels* und die unter dem Pseudonym Ignatius B. Samson erschienene Fortsetzungsgeschichte *Die Stadt der Verdammten* zu hinterlegen. Die Lampe beleuchtet »ein unübersehbares Labyrinth« aus »Regalen mit Hunderttausenden Büchern, verbunden durch Brücken und Passagen«. Der alte Wächter vermutet, man habe Mitte des 19. Jahrhunderts »einen langen Tunnel« gefunden, »der vom Inneren des Friedhofs der Vergessenen Bücher zu den Kellergeschossen einer alten Bibliothek führt, die heute versiegelt und in den Ruinen einer ehemaligen Synagoge des Call-Viertels verborgen ist«.

Zu dieser »Bücher- und Wortkathedrale« wird David mit Isabella zurückkehren, dem jungen Mädchen, das ihn als Schriftsteller bewundert und seine Wohnung in Ordnung hält. Seine Erläuterungen sind eine Hommage ans Lesen und ähneln den Worten der Semperes: »Jedes Buch, das du siehst, jeder Band hat eine Seele. Die Seele dessen, der es geschrieben, und die Seele derer, die es gelesen und mit ihm und gelebt und davon geträumt haben. Immer wenn ein Buch den Besitzer wechselt, immer wenn jemand den Blick über seine Seiten gleiten lässt, wächst sein Geist, und es wird stärker. Die Bücher, an die sich niemand mehr erinnert, die mit der Zeit verlorengingen, leben an diesem Ort für immer weiter und warten darauf, einem neuen Leser, einem neuen Geist in die Hände zu fallen …«

Fast dreißig Jahre später, im Winter 1957, geht Daniel Sempere mit Fermín Romero de Torres zu diesem in den Schatten verborgenen Bücherheiligtum. »Ich stieg die paar Stufen hinan und ließ den Türklopfer niederfallen. Langsam wie die Wellen auf einem Teich verlor sich das Echo im Inneren. Fermín, in respektvolles Schweigen versunken wie ein Junge, der kurz vor seinem ersten religiösen Zeremoniell steht, schaute mich ängstlich an.« Nachdem ihn Isaac willkommen geheißen hat, »war Fermín die erste halbe Stunde hypnotisiert, stürmte wie ein Besessener durch die Innereien des großen Puzzles, aus dem das Labyrinth bestand«. Unter den »in unendlichen Wegen aufgereihten Buchrücken« findet er die dreizehnte Folge aus *Die Stadt der Verdammten, Daphne und die unmögliche Treppe*, von David Martín. Und ganz hinten aus einem Schrank wird Isaac ein Paket hervorholen, in das das Manuskript von *Das Spiel des Engels* gehüllt ist, des Buches, das David Martín während seiner Haft auf dem Montjuïc schrieb: »Die Seiten waren schmutzig, voller Wachs- und Blutspuren. Die erste Seite zeigte den in diabolischer Schrift gezeichneten Titel.« Und unter einer Ecke des Manuskripts ein rot versiegelter Brief, der in derselben diabolischen Schrift den Namen Daniel trägt …

Durch diesen magischen, in der Dämmerung liegenden Theaterbogen gehen wir auf die Ramblas zurück. Am 1912, im Jahr des Untergangs der Titanic, gegründeten Aniskiosk La Cazalla nippen Einheimische und Touristen am weißen Schnaps.

Das Füllfederhaltergeschäft

Am Ende der Ramblas, hinter dem Gebäude der Militärregierung, bei der Puerta de la Paz und dem Kolumbusdenkmal, finden wir die Calle José Anselmo Clavé, so genannt zu Ehren des Gründers der Arbeiterchöre Ende des 19. Jahrhunderts.

In dieser Straße befindet sich das Füllfederhaltergeschäft, das Daniel Sempere in *Der Schatten des Windes* aufsucht und dem er seine literarische Berufung und seine Bücherliebe zuschreibt. Gegenstand seiner Anbetung ist »ein prachtvoller, mit weiß Gott wie vielen Kostbarkeiten und Schnörkeln verbrämter schwarzer Füllfederhalter«, der im Schaufenster prunkt. Immer wenn sein Vater ihn auf einen Spaziergang mitnimmt, beharrt Daniel darauf, dieses barocke Schreibwunderwerk anzuschauen. »In meiner Naivität dachte ich, was immer ich mit dieser Feder schriebe, würde überallhin gelangen ...« Schließlich werden Vater und Sohn eintreten, um sich nach dem wunderbaren Stück zu erkundigen: »Es stellte sich heraus, dass es die Königin der Füllfederhalter war, eine nummerierte Montblanc des Typs ›Meisterstück‹, die, so behauptete jedenfalls feierlich der Geschäftsführer, keinem Geringeren als Victor Hugo gehört hatte.« Dieser Füller wird Daniel ein Leben lang mit Julián Carax verbinden, dem rätselhaften Verfasser von *Der Schat-*

ten des Windes. Vielleicht gab es in dieser Straße wirklich einmal ein solches Geschäft, aber wir haben seine Schaufenster ja bereits in einem Romankapitel gesehen.

Kolumbus-Denkmal

In der Umgebung des Kolumbus-Denkmals, anlässlich der Weltausstellung von 1888 errichtet, schlendert Daniel Sempere umher, bevor er zu den Molen hinübergeht und sich auf die Stufen setzt, die ins Hafenwasser hinabführen. Es ist Nacht, »und übers Hafenbecken hinweg schwebten das Gelächter und die Musik der Prozession aus Lichtern und Spiegelungen herüber«. Er erinnert sich daran, wie ihn sein Vater mit einem Ausflugsschiff zum Wellenbrecher brachte: »Von dort aus konnte man den Abhang des Montjuïc mit dem Friedhof und die unendliche Stadt der Toten sehen.« Schon lange ist er nicht mehr mit einem solchen Schiff gefahren. Sein Sinnen wird von einem Mann mit verbranntem Gesicht unterbrochen, der von ihm Julián Carax' *Der Schatten des Windes* verlangt – um das Buch zu verbrennen. »Ohne ein weiteres Wort machte er kehrt und ging mit stammelndem Lachen gegen die Molen davon.«

Zu dieser Landebrücke wird Daniel zurückkehren. Und wieder wird er sich auf die Stufen setzen, »die sich im trüben Wasser verloren, am selben Ort, wo ich vor

S. 84/85: Blick auf den Barceloneser Hafen mit der Mole der Hafenrundfahrtschiffe

vielen Jahren einmal nachts zum ersten Mal Laín Coubert gesehen hatte, den Mann ohne Gesicht«. Das Kolumbus-Denkmal scheint uns mit seinem Finger auf die dunkle Unermesslichkeit des Rätsels zu stoßen.

Meine Erinnerung ans Raval stammt aus der Kindheit und ist die an eine verwaiste, ärmliche Gemarkung in der fahrigen Umarmung der Mutterstadt, ein Labyrinth feucht-dunkler Gassen voller Lärm und Geheimnisse, mit einem Leben in großer Not, wo das, was die Gelehrten vor nicht allzu langer Zeit Urbanität nannten, aus allen Nähten geplatzt ist. Man sagt, als sich die Erinnerung Barcelonas durch die Gangster der zwanziger Jahre und ihre unvermeidlichen Geschäfte eingekesselt fühlte, habe sie in den alten Winkeln des Raval Zuflucht suchen wollen, doch als sie da anklopfte, war es schon zu spät, und niemand machte auf – man erkannte sie nicht.

CARLOS RUIZ ZAFÓN

Das Raval

Stimmen ohne Himmel

Juweliergeschäft Bagués
(Calle del Carmen, Ecke Rambla San José)

»Als wir an die Grenze zum Raval-Viertel kamen, lag
Nebel in den Gassen, getüncht von den Lichtern herun-
tergekommener Kaschemmen. Wir hatten das freund-
liche Treiben der Ramblas hinter uns gelassen und
drangen in den elendesten Schlund der Stadt vor, wo es
keine Spur von Touristen oder Neugierigen gab. Aus
übelriechenden Portalen und Fenstern in bröckelnden
Fassaden folgten uns verstohlene Blicke. Das Echo von
Fernsehern und Radios stieg aus diesen Schluchten der
Armut auf, ohne je über die Dächer hinauszudringen.
Die Stimme des Raval erreicht nie den Himmel.«

CARLOS RUIZ ZAFÓN, *Marina*

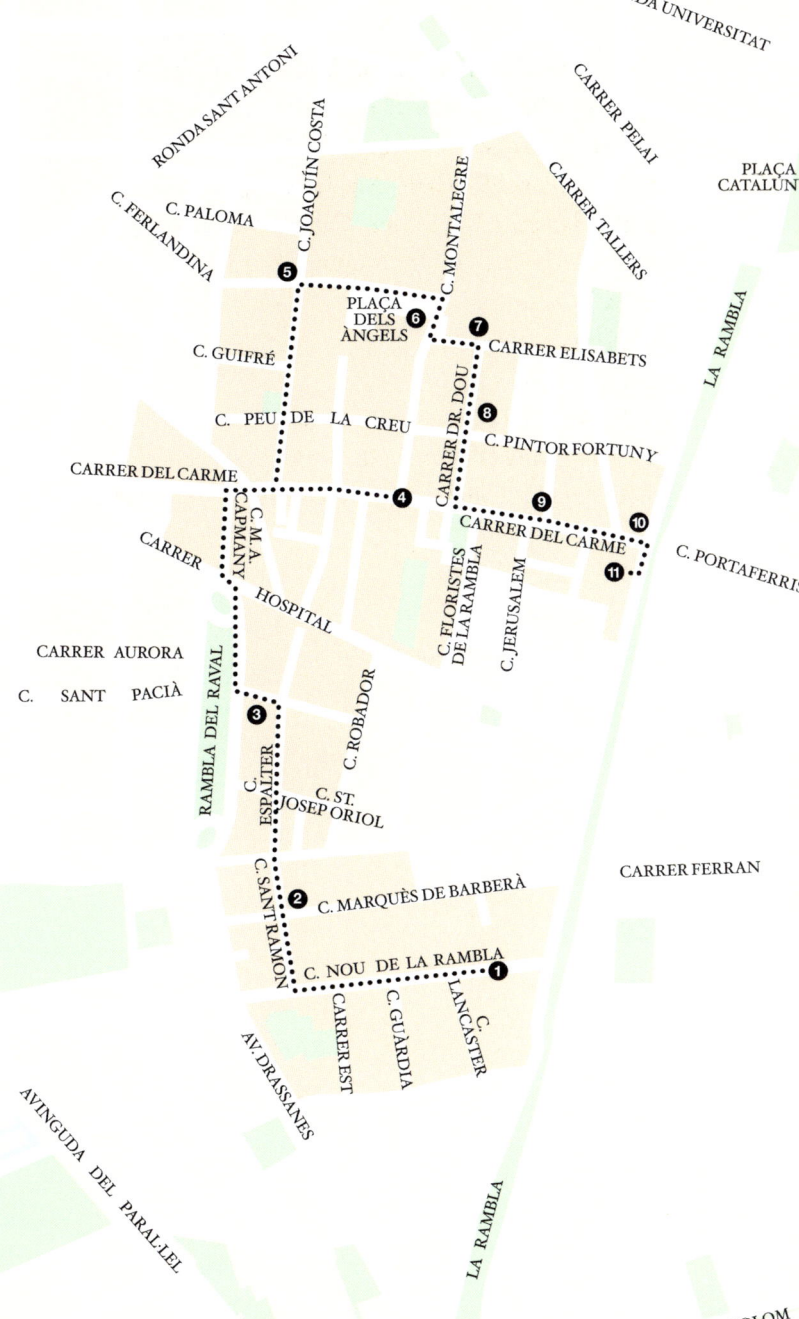

RONDA UNIVERSITAT

CARRER PELAI

PLAÇA
CATALUNYA

RONDA SANT ANTONI

C. PALOMA

C. JOAQUÍN COSTA

C. FERLANDINA

C. MONTALEGRE

CARRER TALLERS

LA RAMBLA

5

PLAÇA
DELS
ÀNGELS **6**

7

CARRER ELISABETS

C. GUIFRÉ

C. PEU DE LA CREU

C. DR. DOU

8

C. PINTOR FORTUNY

CARRER DEL CARME

4

9

CARRER DEL CARME **10**

CARRER

C. M. A. CAPMANY

11

C. PORTAFERRISSA

HOSPITAL

CARRER AURORA

RAMBLA DEL RAVAL

C. FLORISTES DE LA RAMBLA

C. JERUSALEM

C. SANT PACIÀ

C. ROBADOR

3

C. ESPALTER

C. ST. JOSEP ORIOL

CARRER FERRAN

C. SANT RAMON

2 C. MARQUÈS DE BARBERÀ

C. NOU DE LA RAMBLA **1**

CARRER EST

C. GUÀRDIA

C. LANCASTER

AV. DRASSANES

AVINGUDA DEL PARAL·LEL

LA RAMBLA

PASSEIG DE COLOM

Schornsteine auf dem begehbaren Dach des Güell-Palasts
im Raval-Viertel

Das Raval umfasst das von den Ramblas und der Calle Pelayo, den Rondas de San Antonio und San Pablo, dem Paralelo und dem Hafen eingegrenzte Gebiet. Raval kommt von »arrabal«, einem *no man's land* extra muros, wo einst Krankenhäuser und Klöster mit Obst- und Gemüsegärten und vereinzelten Höfen koexistier- ten und Begegnungen jenseits des Gesetzes stattfanden. Rund um das romanische Kloster San Pablo del Campo, das der Straße ihren Namen gibt, befanden sich Fürsor- geeinrichtungen wie das Santa-Cruz-Hospital, aktueller Sitz der Katalanischen Bibliothek. In den letzten zwan- zig Jahren hat sich das Raval radikal verändert, und die alteingesessene Bevölkerung ist durch nordafrikanische und pakistanische Einwanderer ersetzt worden, so dass es im Volksmund den Namen Rawal oder Ravalkistán be- kommen hat. Trotz der Versuche, das Viertel mit dem Bau der Rambla del Raval »aufzulockern«, leidet es wei- terhin an mangelnder Hygiene und einer nicht zu besei- tigenden Armut.

Die Träumerei des Raval

Von der nüchternen Verwaltungsnomenklatur *Fünfter Distrikt* genannt und in den zwanziger Jahren von der pikanten Literatur und der Sensationspresse *Chinesisches Viertel* getauft, weist das Raval mit seinen Nachtklubs und Etablissements der käuflichen Liebe eine reiche Chronik von Verbrechen aus Leidenschaft und anarchogewerkschaftlichen Verschwörungen auf.

In *Das Spiel des Engels* sucht David Martín die Calle Nou de la Rambla auf, ebenfalls bekannt als Conde del Asalto, zu Ehren des Generalkapitäns, der im 18. Jahrhundert den Bau dieser Straße anordnete, die die Ramblas mit dem Paralelo verbindet. Zu unserer Linken entdecken wir Schmiedeeisenarbeiten in Gaudís unverwechselbarem Stil: es ist der Güell-Palast, den er im Auftrag seines Mäzens erbaute und den unser Protagonist als makaber empfindet.

David bewegt sich »im finsteren Raval-Viertel durch einen Korridor aus Straßenlaternen und Leuchtreklamen. Nachtklubs, Tanzsäle und zwielichtige Lokale drängten sich auf beiden Seiten zwischen Geschäften, die sich auf Gummiwaren, Spülungen und die Behandlung von Geschlechtskrankheiten spezialisiert hatten.« Gegenüber dem Gaudí-Palast befindet sich Die Träumerei des Raval, ein charismatisches Lokal des Barceloneser Nachtlebens: Sex, Shows und Spiel für eine erlesene Kundschaft, die starke Emotionen liebt. »Die Träumerei belegte die obere Etage eines Hauses, in dessen Erdgeschoss ein Varieté weithin sichtbar den Auftritt einer Tänzerin verhieß, deren knappe transparente Toga kein Geheimnis aus ih-

Güell-Palast

ren Reizen machte, während die gespaltene Zunge der schwarzen Schlange auf ihren Armen sie auf die Lippen zu küssen schien.«

Der Güell-Palast steht noch da, vor nicht sehr langer Zeit renoviert und mehr denn je Touristenmagnet. Doch wo ist Die Träumerei? Gegenüber. Der Passant kann sie nicht sehen, da die Nr. 12 jetzt das Hotel Gaudí beherbergt, doch genau an dieser Stelle befand sich das Foyer eines der legendärsten und skandalträchtigsten Vergnügungslokale Barcelonas: das Eden Concert, ein von den Sprösslingen der Bourgeoisie frequentiertes Lokal der Ausschweifungen mit Varieté, Café-Restaurant, Spielsalon, Zaubernummern, frivolen Coupletsängerinnen wie la Bella Chelito und einer fieberhaften Aktivität junger Damen, die zum Champagnertarif Gesellschaft leisteten, was sich dann im ganzen Chinesischen Viertel ausbreitete.

David Martín besucht dieses moralisch zweifelhafte Etablissement und erlebt eine düstere sexuelle Zeremonie in einem Zimmer, das »vom Boden bis zur Decke mit schwarzem Tuch bespannt« ist. Der Raum ist identisch mit dem, den er sich für seinen von der Vampirin Chloé dominierten Fortsetzungsroman *Die Geheimnisse von Barcelona* ausgemalt hat. Nach einem Zusammensein, das ihn in Träume einlullt, wird er die weiße Pergamentpapier-Visitenkarte von Andreas Corelli finden. Aufgeschreckt rafft er seine Kleider zusammen und verlässt fluchtartig das seltsame Lokal: »Ich trat auf den Treppenabsatz hinaus und stieg die Stufen hinunter zurück in die Welt, leer und lustlos. Auf der Straße wandte ich mich Richtung Ramblas, das lärmige Treiben der Nachtlokale hinter mir lassend.«

Neu gestaltet und »aufgelockert«, hat der ehemalige Fünfte Distrikt viele der Straßen mit dem sogenannten »schlechten Lebenswandel« verschwinden sehen, der die französischen Autoren so begeisterte, die als Erotiktouristen nach Barcelona kamen und sich Schauergeschichten ausdachten – Pierre MacOrlan, Francis Carco oder

Henry de Montherlant. In den sechziger Jahren veröffentlichte André Pieyre de Mandiargues einen der besten Romane über das Chinesische Viertel, *La marge*. Er spielt 1964, als der Franquismus 25 Jahre Frieden feierte. Ein neu angelegter Platz Ecke Nou de la Rambla / San Olegario, historisches Epizentrum des Ganovenbarcelona, erinnert an den französischen Autor.

Die Schaffung der Rambla del Raval machte die Prostitutionsstraßen wie die legendäre Calle Tapias dem Erdboden gleich. Die Namen überdauern, doch die Atmosphäre überlebt einzig in der Literatur und in der Erinnerung der alten Anwohner. David Martíns Abenteuer führen ihn durch diese »Tunnel, deren Schwärze die flackernden Laternen kaum anzukratzen vermochten«. Bei seinen Nachforschungen über die Sängerin Irene Sabino besucht er auch die Pension Santa Lucía in der Calle Marqués de Barberá. Wenige Meter von der Nou de la Rambla entfernt, zwischen San Olegario und San Ramón – noch heute eine Straße des Drogenhandels und der Billigprostitution –, ist die Marqués de Barberá von Schmuddelpensionen gesäumt wie der von David Martín aufgesuchten. Diejenige Irene Sabinos »moderte in einem düsteren Haus vor sich hin, das aus ausgegrabenen Knochen und geklauten Grabsteinen zusammengebastelt schien«. David erforscht die verrosteten Briefkästen und steigt in den vierten Stock hinauf, über »eine Treppe (…), auf der gerade eine einzige Person Platz fand, der Gestank der Abwasserleitungen sickerte durch die Wände und zerfraß den Anstrich wie Säure«. In einer anderen engen, düsteren Straße, der Calle de la Cadena – sie verschwand mit dem Bau der Rambla del Raval –, hat Inspektor Javier Fumero seine Höhle, ein kriminelles Individuum und unerbittlicher Verfolger von Julián Carax in *Der Schatten des Windes*: »Er lebte in einer düsteren Wohnung (…), zusammen mit zahlreichen, in Apothekerfläschchen verwahrten Insekten und einem halben Dutzend Büchern. Bücher verabscheute er ebenso, wie er die Insekten anbetete.«

Von den Eigentümern dem Verfall überlassen, damit sie die Bewohner mit ihren niedrigen Mieten loswurden, sind viele Häuser des Raval abgerissen worden. Der Tod der ältesten Anwohner, Druck der Immobilienhaie und Hausbesetzung besorgten den Rest. Auf den Grundstücken wurden Hotels für gehobene Ansprüche und der Illa Robadors genannte Gebäudekomplex errichtet, mitten in dem legendären Chinesischen Viertel, das Gardel in den zwanziger Jahren besang und wo sich neuerdings die katalanische Filmothek befindet.

Das Gran Teatro Real

Wenn das Eden Concert Die Träumerei des Raval zu inspirieren vermochte, so ist das Gran Teatro Real, das Michail Kolwenik in *Marina* zum höheren Ruhme seiner Frau Ewa Irinowa erbauen lässt, ein Mischmasch aus modernistischen Monumenten und vielleicht der beiden großen rivalisierenden Theater der Ramblas, des Liceo und des Principal.

Im Kofferkasten eines Fuhrwerks versteckt, fährt Óscar Drai von Sarriá ins Raval und findet sich in einer düs-

teren Gasse wieder, so eng, »dass ich mit ausgestreckten
Armen beide Wände berühren konnte«. Kurz danach
gelangt er in eine etwas breitere Straße und erblickt ein
1888, im Jahr der ersten Barceloneser Weltausstellung, er-
richtetes Gebäude. Im Dunkeln kann der *Marina*-Held
»Säulen und eine Reihe kleiner Fenster erkennen, die mit
verworrenen schmiedeeisernen Mustern geschmückt waren. Kartenschalter.« Ein Prachtgebäude, das nie eingeweiht wurde, eine nie Wirklichkeit gewordene Verbindung aller barcelonesischen Träume: »Jetzt wirkte das
Theater wie eine riesige, in Ruinen liegende Katakombe.
Ein Bastard der Pariser Oper und der Sagrada-Familia-
Kirche, der auf seinen Abbruch wartete.« Vollkommenes
Symbol dessen, was mit vielen Häusern des alten Barcelona geschehen ist.

Die Katalanische Bibliothek

Wenn wir die Rambla del Raval mit ihren Palmen, ihrem
Multikulti und den arabischen und pakistanischen Stimmen hinaufgehen, gelangen wir zur Calle del Carmen. In
den dreißiger Jahren siedelte sich die Bibliothek im ehemaligen Santa-Cruz-Krankenhaus an. Dort verbringt David Martín unter dem steinernen Bogengewölbe der einstigen Krankensäle – der historischen Chronologie einige
Jahre vorgreifend – lange Stunden »inmitten von Büchern, die nach päpstlicher Gruft rochen, und las in My-
thologien und Religionsgeschichten, bis meine Augen
auf den Tisch zu purzeln drohten«.

In dieser Bibliothek, im Mittelalter ein Armenhaus, lernt er Eulalia kennen, die tüchtige Chefbibliothekarin, und lädt sie zum Mittagessen in die Casa Leopoldo ein, die im Jahr 1929 eben eröffnet worden ist und wo sie sich ein Ochsenschwanzragout zu Gemüte führen.

Gastronomisch-literarische Institution in der Calle San Rafael 24, ist die Casa Leopoldo in vielen Barcelona-Romanen eine wichtige Begegnungsstätte, beispielsweise in Mandiargues' *La marge* oder in Vázquez Montalbáns Krimis mit dem Detektiv Pepe Carvalho. Jahrzehntelang betrat man ihre Speisesäle durch ein Schattenlabyrinth hindurch. Seit dem Bau der Rambla del Raval bestreicht die Sonne den nüchternen Eingang dieses für seine *sèpia amb mandonguilles* (Tintenfisch mit Klößchen), seine Kacheln und Stierkampfplakate berühmten Lokals. In der Ecke der Calle San Rafael erinnert eine schlichte Tontafel daran, dass hier der Gewerkschafter Salvador Seguí alias der *Zuckerjunge* ermordet wurde. Das war 1921, als bewaffnete Zivileinheiten (der »Pistolerismo«) die Stadt bluten ließen und die anarchistische »Feuerrose«, die David Martín erlebt, ihren Höhepunkt erreichte.

In der gotischen Bibliothek ist Daniel Sempere mit Professor Alburquerque verabredet, »stadtbekannter Gelehrter, Dozent an der philosophischen Fakultät und feinsinniger Kritiker und Artikelschreiber«. Er findet ihn im großen Lesesaal. »Konzentriert, die Feder in der Hand«, bemerkt ihn der Professor erst nach einer Minute. Er ist fasziniert von den verdammten Barceloneser Schriftstellern wie Julián Carax, dessen geheimnisvolle Biographie

S. 100/101: Katalanische Bibliothek (ehemaliges Santa-Cruz-Krankenhaus)

er rekonstruiert. »Haben Sie gewusst, dass jahrelang eine diabolische Persönlichkeit die Welt nach Carax-Büchern abgeklappert hat, um sie zu verbrennen?«, fragt er Daniel. Der junge Buchhändler ermuntert den Professor, »eine geheime Geschichte Barcelonas, basierend auf ihren verdammten und offiziell verbotenen Schriftstellern«, zu verfassen. Nach diesem fruchtbaren Gedankenaustausch verlassen die beiden die Bibliothek durch die auf die Calle Hospital hinausgehende Tür, um ihre Nachforschungen an einem der Tische der Casa Leopoldo in angenehmer Begleitung von Jamón Serrano und Ochsenschwanz fortzusetzen.

Calle Joaquín Costa

Von der Calle del Carmen biegen wir in die Joaquín Costa ein. In der früher als Calle Poniente bekannten Straße wimmelte es von Stundenhotels und billigen Pensionen. Aber ebenso finden sich hier das Teatro Goya, wo Carlos Gardel auftrat und Margarita Xingu die Mariana Pineda von García Lorca spielte.

In der mündlichen Überlieferung der ältesten Anwohner leben grausame Episoden fort wie die der Enriqueta Martí. Sie war auch bekannt unter dem Namen »die böse Frau« und wohnte als »Vampirin des Raval« in der Nr. 29. Martí entführte die kleine Arbeitertochter Teresita Guinart, als diese in der Calle San Vicente in der Nähe des Tanzlokals La Paloma spielte, dann folterte und tötete sie sie. Josep M. Carandell erwähnt diesen Fall in

seinem *Geheimen Führer durch Barcelona*; er wurde seinerzeit vom Feuilletonisten Núñez de Prado in *Die Kindes-
entführerin. Ein Verbrecherinnenleben* bekannt gemacht.
Enriqueta betrieb einen Mädchenhandel und belieferte
betuchte Männer mit abseitigen Neigungen: »Von einem
Stadtpolizisten verhaftet«, erklärt Carandell, »landete Enriqueta im Gerichtsgefängnis, als die erzürnte Menge sie
bereits lynchen wollte. Das Entsetzen erreichte seinen
Höhepunkt, als man bei der Durchsuchung ihrer Wohnung mehrere Luxuskleider und Frauenperücken, sei-
dene Mädchenkleider und drei Anzüge für Jungen fand,
einen davon blutbesudelt …«

In der Calle Joaquín Costa befinden sich auch alteh-
würdige Lokale wie das Gavà, wo der Schriftsteller Te-
renci Moix geboren wurde (Nr. 37), oder die altmodische
Casa Almirall in der Nr. 33. Dieses Lokal mit den alten
Holztüren und dem grünen Jugendstilschild frequentiert
Don Basilio, David Martíns Chef in *Die Stimme der Industrie*. Hier kann er anschreiben lassen und unterhält
einen literarischen Stammtisch: »Dort erzählte er mir im
Absinth- und Havannadunst von seinem Roman, der
nie fertig wurde, von seinen Plänen, sich vom Nichtstun
pensionieren zu lassen, und seinen Liebschaften und Eroberungen, die desto jünger und heiratsfähiger waren, je
älter er wurde.«

In *Der Schatten des Windes* sucht Daniels Vater eine
Pension für Fermín Romero de Torres, den zum »biblio-
graphischen Berater« der Buchhandlung in der Calle
Santa Ana recycelten Bettler: »Die Pension befand sich im

Rechte Seite: Die Calle Joaquín Costa

zweiten Stock, und die Treppe war eine Schmutzspirale, die man im ockerfarbenen Glimmen nackter, an einem Kabel hängender Glühbirnen kaum erahnen konnte.« Eines Nachts ergeben sich bei Fermíns Wandel vom Bettler zum ehrenwerten Bürger gewisse Probleme der psychologischen Anpassung in Form einer heftigen Attacke, die ärztliche Hilfe erfordert. Nach dem verzweifelten Anruf der Pensionsinhaberin sausen Daniel und sein Vater in die Joaquín Costa: »Eilig gingen wir an der Casa de la Misericordia und der Casa de la Piedad vorüber, ohne auf die Blicke und das Gezischel zu achten, das uns aus dunklen, nach Mist und Kohle riechenden Portalen entgegenkam. Wir gelangten an die Ecke zur Calle Ferlandina. Wie eine Schlucht führte die Calle Joaquín Costa ins Raval hinunter.« Daniel holt Dr. Baró – Liebhaber von Zola und leichtgekleideten jungen Mädchen –, dessen Praxis sich in der Calle Riera Alta 12 befindet.

La Paloma

Durch eine weitere Querstraße der Joaquín Costa gelangen wir in die winzige Calle del Tigre, in deren Nr. 27 sich La Paloma (»die Taube«) befindet. 1903 in den Räumlichkeiten einer ehemaligen Gießerei gegründet, die den Namen der Straße trug (übrigens eine Nachbarin von zwei weiteren Tiernamenstraßen, der Calle León und der Calle Paloma), wurde La Paloma bald zu einem der herausragenden Tanzpaläste Barcelonas. Vier Jahre nach der Eröffnung ging Die Taube in den Besitz von Ramón

Daura über, der das Lokal in Die weiße Kamelie um-
taufte, und ab 1908 hieß es Salón Venus Sport, ein Ort
der schurkenhaftesten Barceloneser Nacht. Da das Lokal
mittlerweile übel beleumdet war, verstärkte der Inhaber
die Belegschaft mit Kellnern, die nicht nur flink, sondern auch in der Lage waren, Ordnung zu schaffen und
den Prügeleien Einhalt zu gebieten, die die Kundschaft
in die Flucht zu schlagen drohten. Außerdem führte er
eine Renovierung durch, die 1919 in dem gipfelte, was der
Barceloneser Chronist Lluís Permanyer als »eine Sonder-
version des Versailler Spiegelsaals« beschreibt. Nach dem
Bürgerkrieg bekam das Lokal seinen ursprünglichen Namen La Paloma zurück; es erreichte den Zenit seiner
Popularität, nachdem es in den Jahren des »Übergangs«,
also der Demokratisierung, von den Jugendlichen entdeckt wurde. In den Neunzigern zur Diskothek umfunk-
tioniert, musste La Paloma wegen Dezibelproblemen
und Kontroversen mit den Anwohnern schließen. Auf
der riesigen Tanzfläche mit ihrer Kassettendecke, von
der mächtige vergoldete Lampen hängen, feiert Fermín
1958 seinen Junggesellenabschied, ein Fest unter dem
Patronat Gustavo Barcelós, organisiert von der Rociíto
und ihren Freundinnen. Barceló stolziert zwischen den
zwei Dutzend Gästen umher und verteilt »Zigarren und
kleine Zettelchen, die er in einer Druckerei für Kommu-
nions-, Tauf- und Bestattungsanzeigen in Auftrag gegeben hatte«.

Die Rociíto, die großherzige junge Prostituierte, die
Fermín aus der Patsche geholfen hat, »hielt ein Champa-
gnerglas in den Händen und verfolgte mit melancholi-
schem Ausdruck die Party, die sie auf die Beine gestellt

hatte«. Als das Orchester zu spielen aufhört, tritt Fermín
zu dieser guten Fee des Barrio Chino, die die Rociíto ist,
und nimmt sie bei der Hand. »Langsam ging in der Paloma das Licht aus; zwischen den Schatten wuchs ein
Scheinwerfer und zeichnete mit seinem Strahl zu Füßen
des Paars einen dunstigen Lichtkreis. Alle anderen tra-
ten zur Seite, und langsam setzte das Orchester mit
dem traurigsten je komponierten Bolero ein. Fermín um-
schlang die Taille der Rociíto. Sich in die Augen schau-
end, fern von der Welt, tanzten die Geliebten dieses für
immer verlorenen Barcelona zum letzten Mal in enger
Umarmung.«

Plaza dels Àngels

Durch die Calle Ferlandina landen wir auf der Plaza dels
Àngels, einem der mit dem Bau des Museo de Arte
Contemporáneo (Museum für Zeitgenössische Kunst,
MACBA) am stärksten veränderten Plätze Barcelonas.
Treffpunkt unermüdlicher Skater aus aller Welt und
Fußball spielender junger Maghrebinier, wird der Platz
noch von dem Kloster gesäumt, das ihm seinen Namen
gegeben hat und das derzeit den Fomento de las Artes y
del Diseño (Zentrum für Kunst und Design, FAD) beherbergt, Hochburg des Designs, auf das sich die Stadt so
viel zugutehält.

Alte Fotos zeigen uns, wie dieser Platz zur Zeit von
Das Spiel des Engels aussah. Auf dem heute vom weißen
Block des MACBA eingenommenen Gelände fügten sich

Plaza dels Àngels

das Haus der Waisenkinder aus dem 16. Jahrhundert, ein Brunnen und die Calle Montalegre aneinander, in der sich heute das Centro de Cultura Contemporánea de Barcelona (Zentrum für Zeitgenössische Kultur, CCCB) befindet.

Auf der Plaza dels Àngels arbeiten José Barrido und José Luis López Escobillas, die knausrigen Verleger, die David Martíns Groschenromane herausbringen. In einer heute nicht mehr vorhandenen Nr. 6 untergebracht, geht der Verlag in Flammen auf, und nach dem Brand deutet sich an, dass Andreas Corelli seine Hand im Spiel hatte. Am Ort des Geschehens beobachtet Martín »eine Gruppe kleiner Jungen, die in den Schutthaufen herumstocherten«, in denen er auch ein von den Flammen geschwärztes Exemplar von *Die Stadt der Verdammten* erkennt. In diesem Moment trifft er zum ersten Mal Inspektor Víctor Grandes, der ihn in ein kleines Lokal Ecke Calle Doctor Dou / Pintor Fortuny mitnimmt, um ihn zu verhören.

Aber eines nach dem anderen. Bei der Plaza dels Àngels beginnt die Calle Elisabets, deren Mikroklima ganze Jahrhunderte heraufbeschwört. Der Kräuterladen Llansà, der Kreuzgang des Hauses der Barmherzigkeit mit seinem Briefkasten für »versteckte Almosen« und die Kirche, die heute die Buchhandlung La Central del Raval beherbergt, schaffen genügend Stimmung für die Vorstellung, dass sich 1903 in einem dieser Häuser die spiritistische Organisation Die Zukunft versammelt, wo Irene Sabino den Anwalt Diego Marlasca kennenlernt. Und nun gelangen wir durch die Calle Elisabets zur Doctor Dou, an deren erster Kreuzung sich zwei Lokale befinden, wo sich die Begegnung Martín – Grandes hätte abspielen können: die Restaurants L'antic Forn und Flor de Maig.

Die Stoffhalle El Indio

Folgen wir der Calle Doctor Dou geradeaus weiter, so gelangen wir wieder zur Calle del Carmen, wenige Meter von den Ramblas entfernt. In der großen Stoffhandlung El Indio (Nr. 24) arbeitet David Martíns Mutter, eine schöne Frau, die eines Tages die Familie verlassen hat. »Die barock wuchernde Fassade« mit geschnitzten Gesichtern kolumbianischer Eingeborener bringt den Passanten auf den Gedanken, es handle sich eher um einen »Basar für Wunderdinge denn um eine Tuchhalle«. David Martíns Vater führt ihn zum Eingang des Ladens und zeigt ihm »eine junge, heitere Frau, die den Kunden Tücher und Stoffe vorlegte«. Dieses Bild lässt David nicht mehr los: »Noch jahrelang kehrte ich zum Eingang dieses Warenhauses zurück, um sie auszuspionieren. Nie brachte ich den Mut auf, hineinzugehen oder sie anzusprechen, wenn sie herauskam und ich sie die Ramblas hinunter davongehen sah, zu einer Familie, so malte ich mir aus, die sie glücklich machte, und einem Sohn, der ihrer Zuneigung und der Berührung mit ihrer Haut würdiger war als ich.« Ohne dass sein Vater es je erfährt, folgt David dieser Frau in geringem Abstand, als sie von der Arbeit kommt, »immer kurz davor, ihre Hand zu ergreifen und mit ihr zu gehen«, und dann ergreift er doch im letzten Moment die Flucht.

Jahre später wird David seine Mutter erneut ausspionieren und Situationen erleben, die von Dickens stammen könnten. Schließlich wagt er es, den Laden zu betreten: »An den Wänden reihten sich Regale mit großen Stoffballen aller Art aneinander, und auf den Tischen zeigten die Verkäufer, mit Maßbändern und am Gürtel befestigten Spezialscheren, den von ihren Zofen und Schneiderinnen eskortierten betuchten Damen die erstklassigen Stoffe.« Die Stoffhandlung El Indio bewahrt noch immer ihr ursprüngliches Mobiliar und jenes Ambiente, das der Romans beschreibt.

David erträgt die Erregung nicht, die der Anblick seiner Mutter in ihm auslöst, und tritt wieder auf die Straße hinaus. Dann sieht er sie herauskommen und auf die Ramblas zugehen, wo sie bei der Bethlehem-Kirche einen Augenblick stehen bleibt. Gegenüber dieser Kirche, wo der Dichter Verdaguer in seinen letzten Jahren Totenmessen zelebrierte, glitzern die Schaufenster des Juwelierladens Bagués mit seinen Masriera-Designs und der Waage, auf der sich die Kunden umsonst wiegen dürfen. Der Macht des Barceloneser Schicksals unterworfen – »*O tempora, o mores!*« –, ist mittlerweile auch das 1850 vom Architekten Fontseré erschaffene Gebäude zum Hotel geworden.

David ruft einen Jungen heran, gibt ihm eine Münze und beauftragt ihn, dieser Unbekannten, die seine Mutter ist, ein Paket mit seinem Buch zu übergeben. Nachdem sie es entgegengenommen hat, reißt sie das Paket auf, aber als sie am Virreina-Palast vorüberkommt, wirft sie es in einen Papierkorb: »Ich sah sie die Ramblas hinuntergehen, bis sie sich in der Menge verlor, und es war, als wäre sie nie da gewesen.« Vom Raval zu den Ramblas – einmal mehr vom Strom des Lebens mitgerissen.

Der Virreina-Palast

Wenn wir wieder auf den Ramblas sind, fällt unser Blick auf einen Palast kolonialen Ursprungs mit aristokratischem Namen – la Virreina, die Vizekönigin. Das Gebäude wurde 1772 auf Geheiß von Manuel Amat Junyent errichtet, Marquis von Castellbell, Vizekönig von Peru und Vorfahr des Schriftstellers José Luis de Vilallonga. Nach seinem Aufenthalt in Südamerika kehrte der Marquis in die Stadt zurück – unermesslich reich und nachdem er in Peru mit einer als die Perrichola bekannten Schauspielerin die Liebe seines Lebens erfahren hatte. Bereits in vorgerücktem Alter wollte Amat seinen Neffen mit einer vornehmen Dame der Familie Fivaller vermählen, die ihre Jugend in einem Kloster in der Calle de Jonqueres vertat. Der Neffe blieb der Trauung fern, und Amat, ganz Don Juan, umschmeichelte trotz seines Alters die Braut mit den Worten: »Señora, wenn ich nicht so betagt wäre, würde ich Euch um Eure Hand bitten.« – »Die Mauern und Umfriedungen des Klosters sind noch viel älter, und ich ertrage sie mit Vergnügen«, säuselte die Fivaller. – »Dann wollt Ihr mich also heiraten?«, fragte der Vizekönig mit leuchtenden Augen. – »Und warum nicht?«, antwortete die Fivaller lächelnd.

Das Geschenk war der Palast. Er wurde vom Architekten und Bildhauer Carles Grau erbaut, in barockem Stil und mit Rokoko-Interieurs. Da der Vizekönig kurze Zeit später verstarb, wurde der Bau für immer mit der Witwe in Verbindung gebracht: Er blieb der Virreina-Palast. Bei einer solchen Geschichte wundert es nicht, dass vor dem Palast die Schreiber oder Kopierer ihre Kabäuschen aufstellten, wo sie für die Soldaten Liebesbriefe verfassten, die diese in Zeiten prekärer Alphabetisierung den Dienstmädchen schickten, und umgekehrt. Eine herausragende Figur unter ihnen ist Oswaldo Darío de Mortenssen, den Daniel in *Der Gefangene des Himmels* kennenlernt. »Der Schreiber des Häuschens, das ich als Versteck auserkoren hatte, streckte den Kopf heraus wie ein Beichtvater und schaute mich an, begierig darauf, seine Dienste an den Mann zu bringen.« Literat und Schriftsteller – 1933 hat er den Roman *Die Reiter der Dämmerung* veröffentlicht, einen im Ebro-Gebiet angesiedelten Western –, beherrscht Don Oswaldo die Rhetorik romantischer Episteln, die Technik der Heiratsgesuche, Testamente, Glückwünsche, Todesanzeigen, Hymnen, Diplomarbeiten, Bittschriften, Eingaben und Gedichte aller Stilrichtungen und Versmaße, zu zehn Céntimos pro Satz. Montag bis Samstag von acht bis zwanzig Uhr dient Don Oswaldo als »Soldat des Wortes« den »Briefangelegenheiten«. Zu seinen begabtesten Schülern gehört Luisito, der seinen Arbeitsplatz neben der Musikalienhandlung Casa Beethoven hat. Daniel sucht Don Oswaldo, den er seiner kalligraphischen Geschicklichkeit wegen »Fürst der Barceloneser Schreiber« nennt, nicht nur einmal auf.

Die Calle Hospital

Wir lassen Oswaldo de Mortenssen vor dem Virreina-Palast zurück und setzen unseren Weg ramblasabwärts fort, bis wir zum Boquería-Markt gelangen. In *Der Gefangene des Himmels* folgt Daniel dem geheimnisvollen hinkenden Kunden, der Fermín den *Grafen von Monte Christo* gewidmet hat. Mitten in der von den üppigen Ständen mit ihren tropischen Früchten, Fischen und anderen Leckerbissen hypnotisierten Menschenmenge ist der Mann bei Pinocho gelandet, einer Theke in der Markthalle, eines der gastronomischen Musts in Barcelona. »Eine halbe Stunde lang versuchte er all die Köstlichkeiten zu verzehren, die Juanito, der Benjamin des Hauses, nach und nach vor ihn hinstellte, aber ich hatte den Eindruck, dass ihm die Gesundheit kein großes Prassen erlaubte und dass er vor allem mit den Augen aß ...«

Die Verfolgung geht weiter durch die Calle Hospital, in den fünfziger Jahren ein Epizentrum der Prostitution, seit die 6. US-Flotte in der Stadt vor Anker gegangen war. Die weißgekleideten Marines suchen die Ramblas hinauf nach käuflichem Sex: »Angesichts der großen Nachfrage hatte sich an der Ecke bereits das Angebot in Form einer Reihe von Mietdamen formiert, denen man den hohen Kilometerstand ebenso ansah wie ihren durchaus erschwinglichen Grundtarif.« Nachdem er das Angebot einer Prostituierten abgelehnt hat, verschwindet der Unbekannte im engen, dunklen Eingang einer Herberge, die im Grunde ein Stundenhotel ist. Daniel geht ebenfalls hinein. »Drinnen erwartete mich ein düsteres Treppenhaus, das sich im Innern des Gebäudes verlor; dieses schien nach Backbord zu krängen und, seiner stinkend feuchten Luft und seinem Abwasserproblem nach zu schließen, drauf und dran zu sein, in den Katakomben des Ravals unterzugehen.«

Can Lluís

Nachdem Daniel seine Nachforschungen abgeschlossen hat, begleiten wir ihn durch die Calle Hospital. Hinter der im September 2000 eingeweihten Rambla del Raval teilt sich die Straße in zwei enge Adern auf. Wir nehmen die linke und gelangen zum Restaurant Can Lluís, das die Nr. 49 der Calle de la Cera trägt. Hier geht Daniel mit Fermín zum Abendessen. »Sich schlicht gebend, mit einem Hauch von Wanderbühnennostalgie und randvoll von den Geheimnissen des alten Barcelona, zeichnete sich das Can Lluís durch eine hervorragende Küche, einen Service wie aus dem Lehrbuch und durch selbst für Fermín oder mich erschwingliche Preise aus.« Wie die Casa Leopoldo 1929 gegründet, im Jahr der zweiten Barceloneser Weltausstellung und des New Yorker Börsencrashs, hat das Can Lluís die turbulente Zeit der Republik ebenso überlebt wie den Bürgerkrieg und die Nachkriegsjahre der Rationierung, ja selbst eine Bombe, die im Speisesaal ihre Spuren hinterließ. In der reinsten Tradition der katalanischen »casa de menjars«, der einfachen Speisewirtschaft, vereinigt die Wirtsfamilie die Rezepte ihrer alten Heimat, Alcoi in der Provinz Alicante, mit der Barceloneser Küche. Derzeit geleitet von Ferran und seiner Frau Júlia, ist das Can Lluís wie eh und je ein Treffpunkt von Leuten aus der Welt der Musik, insbesondere des katalanischen Rumba, von Film, Theater und Literatur. Zwischen Werbeplakaten aus den zwanziger Jahren, Karikaturen und Fotos mit Widmung an den Wänden findet sich auch ein auf die Kacheln geprägtes Fragment aus einem Roman von Manuel Vázquez Montalbán, das auf ein historisches Gericht des Hauses anspielt, die »Olleta d'Alcoi«. In *Der Gefangene des Himmels* ist das Can Lluís ein weiterer Lieblingsort von Professor Alburquerque. Daniel und Fermín wiederum tauschen zwischen Flans mit Sauerkirsche und Kaffee Vertraulichkeiten aus. Fermín erzählt ihm, wie er aus der Welt der Toten auferstanden ist.

Jahre bevor jemand den Ausdruck »Themenpark« auf die Stadt anwandte, erfand Barcelona aus der Asche seiner Vergangenheit und der etwas bangen Hoffnung auf die Gegenwart einen mittelalterlichen Distrikt, der ebenso sehr aus Erinnerung wie aus Phantasie bestand. Weder die Horden beflissener Besucher, die ihn heute durchpflügen, noch die Straßenmusikanten oder die in letzter Zeit wie Pilze aus dem Boden schießenden Boutiquen haben seinen Zauber zu zerstören vermocht. Noch heute kann man sich in seinen Straßen verirren und sich vom leichtfertigen Glauben an das Gesehene davontragen lassen. Von römischen Mauern über mittelalterliche Paläste bis zu Pappmachébrücken und Kathedralen, die die Romantik des 19. Jahrhunderts auf die letzten gotischen Flicken übertragen, ist das Gotische Viertel ein so wunderbarer Zaubertrick, dass es selbst die Einheimischen hat verführen und davon überzeugen können, dass in der kniffligen Kunst des Städtebaus ebenso wie in der Liebe und im Krieg fast alles erlaubt ist.

CARLOS RUIZ ZAFÓN

Das Gotische Viertel

Das Labyrinth der Geister

Eine carassa *(steinerne Maske) in der Calle Mirallers*

»Ich folgte ihm ins Barrio Gótico hinein. Bald verlor sich seine Gestalt unter den Brücken, die sich von Palast zu Palast spannten. Unmögliche Bögen warfen tanzende Schatten auf die Mauern. Wir waren im verzauberten Barcelona angelangt, dem Labyrinth der Geister, wo die Straßen legendenhafte Namen trugen und die Kobolde der Zeit sich hinter uns tummelten.«

CARLOS RUIZ ZAFÓN, *Marina*

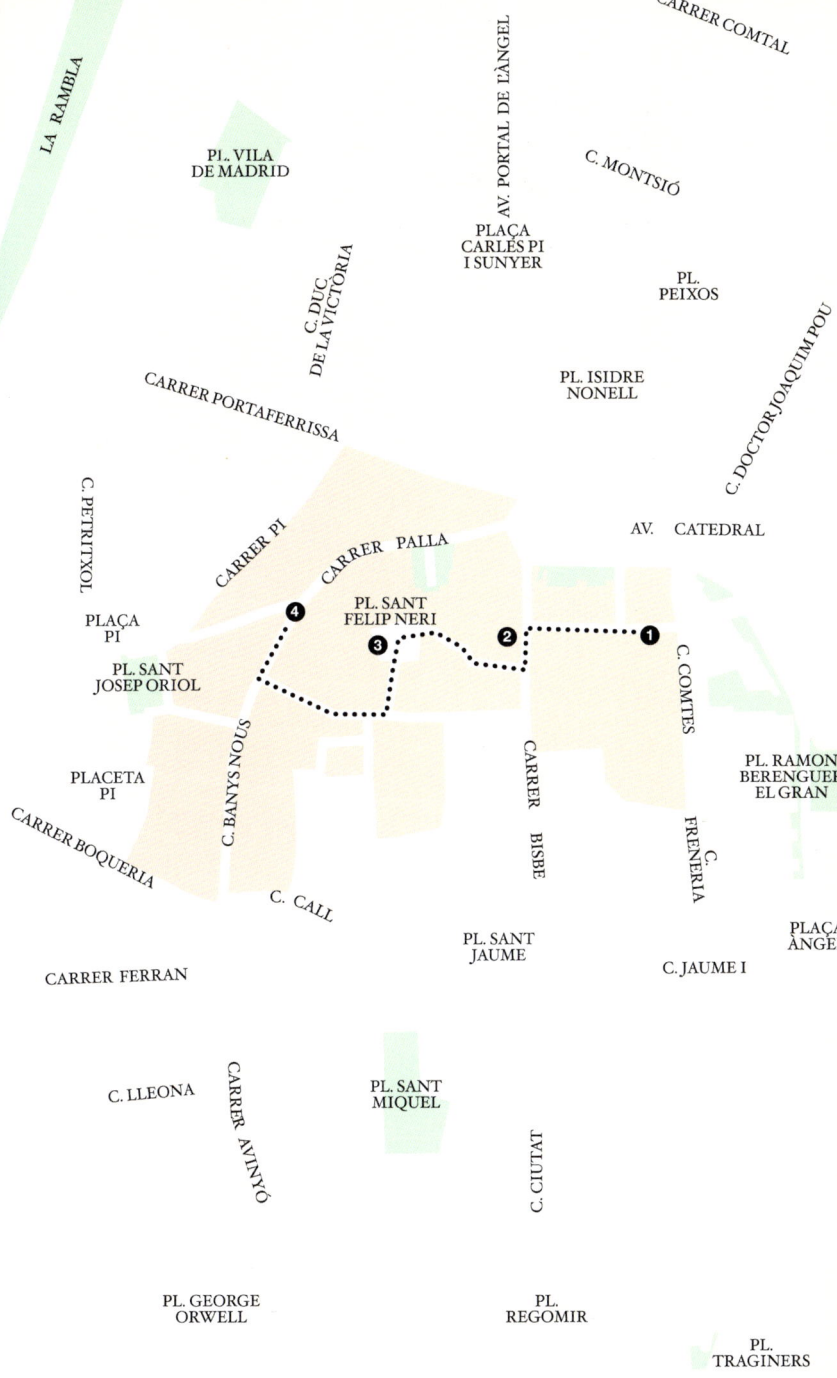

Die Kathedrale von Barcelona

Der Kern der alten römischen Stadt liegt im Gotischen Viertel, auf der anderen Seite der Ramblas. Reste römischer Mauern finden sich in der Avenida de la Catedral und auf der Plaza Nueva, in der Calle Tapineria und der Viladecols, der Palla und der Calle del Subteniente Navarro. Als mittelalterliches Verwaltungszentrum Barcelonas vereinigt das Gotische Viertel bemerkenswerte Bauten – die Casa de l'Ardiaca, das heutige Marès-Museum, die Plaza del Rey und den Salón del Tinell, die Generalitat und die Casa de la Ciutat auf der Plaza de San Jaime, die Sant-Just-Kirche, die Canonges-Kirche, den Requesens-Palast oder die abgeschiedene Plaza de San Felipe Neri.

Die Kathedrale

Über die Vortreppe der Kathedrale steigen die Hoffnungen und Träume hinan. Auf diesen über Jahrhunderte ausgetretenen Steinstufen lernt der Hutmacher Antoni Fortuny, Vater des Autors von *Der Schatten des Windes*, Sophie Carax kennen. Eine leise Unterhaltung in der Kathedrale. Fortuny hat die Dreißig schon überschritten, ein Junggeselle, der soeben dem heiligen Eustachius Kerzen hingestellt hat, damit der ein Liebeswunder wirke und ihm eine Gattin beschere. Der heilige Eustachius muss in der Tat ein wundertätiger Heiliger sein, denn die Kandidatin erscheint gleich in der Kathedrale. Die Französin Sophie war »zerbrechlich, schön, jung, gefügig und fruchtbar« und überdies eine ausgezeichnete Gesangslehrerin. Kurzum, ein Wunder, vier Monate Werben und dann Eheschließung in der Pino-Kirche. Sechs Monate danach eröffnet ihm Sophie, sie sei schwanger – von einem anderen Mann. Der Junge wird Julián heißen, Julián Carax.

Auch in *Marina* ist die Kathedrale die Hochzeitskirche. Der berühmte Unternehmer Michail Kolwenik, Mitinhaber der Velo-Granell-Fabrik und Besitzer einer Villa beim Park Güell, heiratet die Sängerin Ewa Irinowa, für die er im Raval ein monumentales Theater errichten lässt. Es ist der 24. Juni 1935, und der Hochzeitspomp erinnert an die Krönung Alfons' XIII: »Die Menschenmenge besetzte jeden Winkel der Avenida de la Catedral, gierig danach, sich mit dem Prunk und der Pracht des Schauspiels vollzusaugen.«

Auf der Kirchentreppe intoniert das Liceo-Orchester Wagners Hochzeitsmarsch, während das Brautpaar zu einer luxuriösen Kutsche mit weißen Pferden hinabschreitet ... Doch die Chronik königlicher Hochzeiten schließt traurige Episoden ein. Ein Mann durchbricht den Sicherheitskordon und stürzt sich unter dem Geschrei der Menge auf das Paar. Es ist Sergei Glasunow, Ewa Irinowas Manager, den Kolwenik einige Zeit zuvor hätte aus dem Weg räumen können, als jener aus einer

Rechte Seite: Die gotische Calle del Bishe

Tür in der Calle San Pablo trat. Mit blutunterlaufenen
Augen schüttet er Ewa Irinowa den Inhalt eines Flakons
ins Gesicht. »Die Säure versengte den Schleier und ver-
wandelte ihn in ein Gespinst aus Dampf. Ein Aufheulen
spaltete den Himmel. Die Menge explodierte in einen
wilden Haufen, und in einem einzigen Augenblick verlor
sich der Angreifer zwischen den Menschen.«

Schmerzgebeugt neben der Braut kniend, sieht Kolwenik, wie »unter der Einwirkung der Säure Ewa Irinowas
Gesichtszüge zerflossen wie ein frischgemaltes Aquarell
im Wasser. Die dampfende Haut schrumpfte zu einem
verbrannten Pergament, und der Gestank nach verseng-
tem Fleisch erfüllte die Luft. Die Augen der jungen Frau
waren unversehrt geblieben. In ihnen waren der Schrec-
ken und die Agonie zu lesen.« Als er das Gesicht seiner Frau berührt, »blieben nur Fleischfetzen hängen,
während die Säure seine Handschuhe zerfraß. Als Ewa
schließlich die Besinnung verlor, war ihr Gesicht nichts
anderes mehr als eine groteske Maske aus Knochen und
bloßliegendem Fleisch.«

In einer Regennacht schlagen die Glocken der Kathedrale zur Geisterstunde. Ebenfalls in *Marina* folgt Óscar
Drai Clarets Spur: Rambla, Calle Fernando, Säulengänge
der Plaza Real … Claret geht ins Gotische Viertel und
verliert sich in der Calle del Bisbe, »unter den Brücken,
die sich von Palast zu Palast spannten«.

Die gotischen Bogen »warfen tanzende Schatten auf
die Mauern«. Ein verzaubertes Barcelona, das »Labyrinth
der Geister, wo die Straßen legendenhafte Namen trugen
und die Kobolde der Zeit sich hinter uns tummelten«.
Óscar findet Clarets Spur in einem Laden mit Pappma-

Kanalisation von Barcelona

chémasken, an der Ecke einer Straße hinter der Kathedrale. Er wartet vor dem Schaufenster und spürt »den leeren Blick der Kartongesichter«.

Zwanzig Meter von ihm entfernt kämpft Claret mit einem schweren Metalldeckel, der ihm den Zugang zu den Abwasserkanälen freigeben soll. Óscar folgt ihm und schaut durch den Gully hinab; er sieht einen Lichtstrahl und hört den metallischen Widerhall von Schritten, die eine Leiter hinabsteigen. Ohne einen Augenblick zu verlieren, eilt er zu einer übelriechenden Spelunke, um Inspektor Florián anzurufen. Als es von der Kathedrale vier Uhr schlägt, erscheint anstelle des Inspektors María, Dr. Shelleys Tochter, und springt in den Tunnel hinunter. Auch Óscar klettert hinab, mitten in den Gestank und ins Rattengekreisch hinein. Er hört »das endlose Echo des Tunnellabyrinths unter der Stadt«, und im flackernden Licht eines Streichholzes informiert ihn eine schmutzige Inschrift, wo er sich befindet: »SGAB / 1881, SAMMELKANAL SEKTOR IV / NIVEAU 2 – ABSCHNITT 66.«

Eine auf der anderen Seite des Tunnels eingestürzte Mauer enthüllt unserem jungen Kanalisationsinspektor die städtische Stratigraphie: »Ich betrachtete die Leichen alter Barcelonas, auf denen sich die neue Stadt erhob.« Óscar schreit Marías Namen, und seine Stimme wird »zu einem geisterhaften Echo, das mich schaudern ließ«. Die Übelkeit zwingt ihn, den Mund zu schließen, während »Dutzende winziger roter Punkte sich wie Insekten auf einem Teich bewegten«. Es ist das Reich der Ratten, die in den Fäkalwassern platschen. Dieses Netz von Sammelkanälen führt zum ehemaligen Born-Markt, wo sich die Velo-Granell-Fabrik befindet.

Das Gotische Viertel um Mitternacht. Mit dem richtigen Fremdenführer können wir ein nachtwandelndes Barcelona rekonstruieren, wo Geheimnisse und Geister in steinernen Winkeln kauern. So macht es Michail in *Marina* mit der jungen Ewa: »Er wusste bei jedem Haus, wer darin gewohnt hatte, welche Verbrechen hinter jeder

Mauer und jedem Fenster begangen worden waren oder welche Romanzen sich dort abgespielt hatten. Er kannte die Namen aller Architekten, Handwerker und der tausend unsichtbaren Menschen, die dieses Szenario errichtet hatten.«

San Felipe Neri

Auf einer Seite der Kathedrale spielt ein junger Musiker Cello; von der Plaza Garriga i Bachs, rechts vom Denkmal für die Helden des Widerstands gegen Napoleon, führt eine Gasse zu einem melancholischen Platz. Auffallend die Kirche mit ihren misshandelten Mauern, gezeichnet von den Bomben und den Maschinengewehren des Bürgerkriegs, der den Platz mehr oder weniger zerstörte. Eine seltsame Verbindung von Ruhe und Traurigkeit überkommt uns, gewiss ganz ähnlich wie die, die Daniel Sempere verspürt: »Die hinter den alten römischen Stadtmauern versteckte Plaza de San Felipe Neri ist nur gerade ein Luftloch im Labyrinth der Sträßchen des Gotischen Viertels.« Nachmittags hallen das Taubengurren und die Schreie der Kinder auf dem Platz wider, während sich die Obdachlosen um den Brunnen versammeln, der ein später hinzugefügtes Element ist: Er wurde 1962 mit einem Standbild des heiligen Severus installiert, das auf mysteriöse Art und Weise verschwand. Dasselbe Schicksal erlitt sein Ersatz, die Figur einer Studentin, die 1970 gestohlen wurde. Zum Glück ist der Brunnen noch da und vervollständigt diesen Platz aus *Der Schatten des Windes*.

Plaza de San Felipe Neri

An der Plaza de San Felipe Neri gibt es eigentlich keine Wohnhäuser. Die Kirche, das Schuhmuseum und ein einziges Gebäude mit der Nr. 1. An den beiden Ecken, die den Platz mit der gleichnamigen Straße verbinden, finden wir ein Designhotel, die Seifenfabrik Sabater Hermanos und ein weiteres Haus, das ebenfalls die Nr. 1 trägt.

Doch der Roman erlaubt uns die Annahme, dass in einem dieser beiden Häuser, »eingangs des Platzes«, Nuria Monfort wohnt, die Frau, die Julián Carax' sämtliche Geheimnisse kennt. Das Haus, mit »einem geschwärzten Steinbogen über dem Eingang«, stammt aus dem Jahr 1801, und ein Blechbriefkasten benennt die Bewohner des dritten Stocks, zweite Tür: Miquel Moliner / Nuria Monfort.

Daniel Sempere sucht sie auf, um einige Geheimnisse von *Der Schatten des Windes* zu klären. »Ich stieg ganz langsam hinauf, aus Angst, das Haus würde einstürzen, wenn ich auf diesen winzigen Puppenhausstufen fester aufträte. (...) Das Treppenhaus roch feucht, nach altem Gemäuer.« Nuria Monfort ist nicht zu Hause, sondern auf dem Platz unten, wo sie sich auf den Bänken die Zeit mit Lesen vertreibt, da es in ihrer Wohnung kaum Licht gibt: Sie »lebte in Schatten. Ein schmaler Gang führte in ein Esszimmer, das zugleich Küche, Bibliothek und Büro war. Im Vorbeigehen erkannte ich ein schlichtes fensterloses Schlafzimmer. Der Rest der Wohnung bestand aus einem winzigen Bad ohne Dusche und Waschbecken, wo alle möglichen Gerüche hereindrangen, vom Küchendunst der Kneipe unten bis zum Gestank der bald hundertjährigen Leitungen. Die Wohnung lag in ewigem Halbdunkel, dazu ein zwischen bröckelnden Hausmauern hängender finsterer Balkon.« In der Ecke beim Balkon befindet sich Nurias Schreibtisch mit einer alten Underwood-Maschine, einer Petroleumlampe und einem mit Wörterbüchern und Nachschlagewerken beladenen Regal.

Nach Nurias Tod wird Daniel wieder auf die Plaza de San Felipe Neri gehen, als erwarte er, sie auf der Bank sitzen zu sehen, wo er sie zum ersten Mal sah. Doch diese Bank »stand unter einer Straßenlaterne, leer und mit Taschenmessertätowierungen übersät – Namen von Verliebten, Beschimpfungen und Versprechungen«.

Calle de la Palla

In diesem Gotischen Viertel dunkler Vertraulichkeiten spielt der Fortsetzungsroman *Die Geheimnisse von Barcelona*, den David Martín in *Das Spiel des Engels* schreibt.

Eine echte Hommage an *Die Rätsel von Paris* von Eugène Sue, einen Longseller mit Nachahmern in allen europäischen Ländern, etwa dem Barceloneser Autor Antonio Altadill, Verfasser von *Barcelona und seine Geheimnisse*. Louis Feuillade und seinen Serienfilmen *Judex* und *Die Vampire* folgend, schafft Martín die Heldin Chloé Permanyer, »dunkle Fürstin der Vampire«. Erotischer Körper in feiner Miederware, ist Chloé die Geliebte des rätselhaften Baltasar Morel, »Kopf der Unterwelt, der in einer unterirdischen, von Automaten und makabren Reliquien bevölkerten Villa wohnte, deren geheimer Zugang sich in den Tunnels unter den Katakomben des Barrio Gótico befand«. Um ihren Opfern den Garaus zu machen, bezirzt sie sie »durch einen hypnotischen Schleiertanz« und küsst sie dann »mit einem vergifteten Lippenstift«. Sie selbst bleibt dabei immer unversehrt, da sie »vorher ein in Dom Pérignon Grand Cru aufgelöstes Gegengift« schluckt. Ein Grand-Guignol, das »eine schamlose Kreuzung zwischen Dumas, Sue, Féval und Stoker« ist.

Wir kehren zur Plaza de la Catedral zurück und betreten die Calle de la Palla, eine Lieblingsstraße von Ruiz Zafóns Figuren. Im Schatten der römischen Mauern liegen Antiquitätenläden, Kunstgalerien wie die Artur Ramons und Buchantiquariate wie das Batlle mit seinen alten Stichen und den Landkarten aus anderen Zeiten. In *Das Spiel des Engels* erinnert sich David Martín, wie ihm sein Vater eines Samstags ein Buch kaufen wollte und einen dieser Läden aufsuchte, »aber da er die Titel auf den Hunderten Buchrücken nicht lesen konnte, verließ er den Laden unverrichteter Dinge«. Es gibt nur noch we-

Buchhandlung Batlle in der Calle de la Palla

nige Antiquariate in der nostalgischen Calle de la Palla, doch an Werktagen versammelt sich die Zunft auf dem Freiluftmarkt der Plaza Nueva.

Jahrelang war die Ribera die arme Verwandte in der Familie des alten Barcelona. Die Straßen dieses Viertels sind wahrscheinlich mit die ältesten noch existierenden, aber seine Wiederentdeckung hat am längsten auf sich warten lassen, vielleicht weil wenige Stellen der Stadt im Lauf ihrer Geschichte unter derartiger Aggression und Zerstörungswut gelitten haben, und zwar schon von den Zeiten der monströsen Militärfestung der Ciudadela an, für die das halbe Viertel niedergerissen wurde – bis sie wiederum Platz für den größten Park der Stadt machte. Mit den Überresten der Häuser wurde eine kleine Insel vor dem Hafen mit der Stadt verbunden und die Barceloneta gebaut. Laut Legende soll es im Schoß der Ribera nach wie vor Pflastersteine und Winkel geben, die außer den Einheimischen noch nie jemand gesehen oder betreten hat. Es gibt Gründe zu der Annahme, dass die DNS der Stadt noch in irgendeinem verborgenen Winkel zwischen der Bresche der Vía Layetana und den Schatten der Calle Flassaders begraben liegt.

CARLOS RUIZ ZAFÓN

Ribera – Ciudadela – Barceloneta

Die Paläste der reichen Heimkehrer

Straßenmarkt vor der Kathedrale Santa María del Mar

»Ich weiß nicht, ob ich wirklich auf die Straße hinausging oder es nur träumte, aber ohne zu wissen, wie ich dahin gelangt war, befand ich mich auf dem Paseo del Born, wo ich zur Kathedrale Santa María del Mar schritt. Die Straßen unter dem Quecksilbermond waren menschenleer. Ich schaute auf und glaubte den Geist eines großen schwarzen Gewitters seine Flügel über der Stadt ausbreiten zu sehen.«

CARLOS RUIZ ZAFÓN, *Das Spiel des Engels*

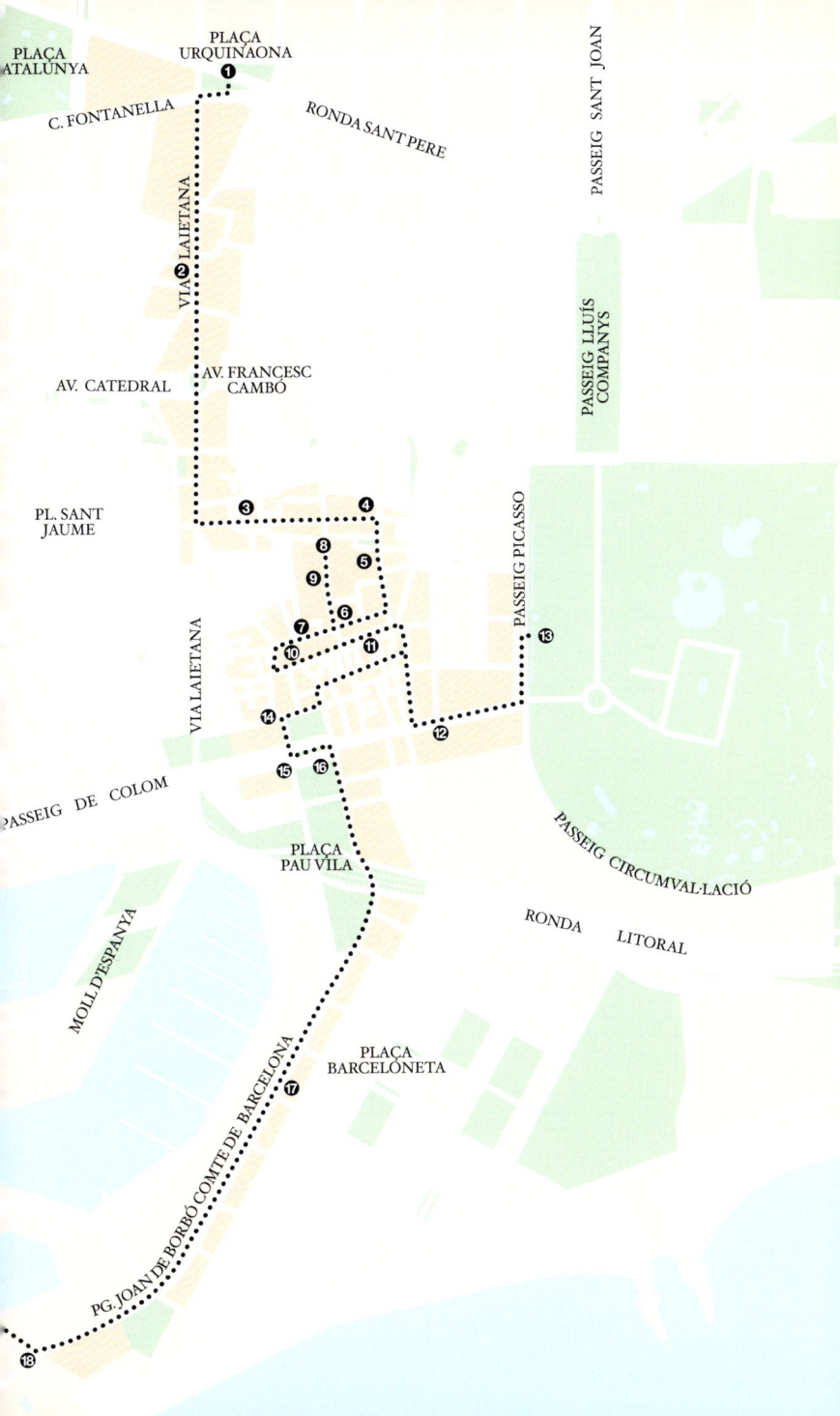

Die Ribera bildete mit der Kathedrale Santa María del Mar, den mittelalterlichen Innungen und den Palästen der Aristokratie das Zentrum des handwerklichen Barcelona. Nach der Niederlage im Erbfolgekrieg 1714 errichtete Felipe V. die als Ciudadela bekannte Militärfestung, die anlässlich der Weltausstellung von 1888 zum Park umgestaltet wurde. Im 18. Jahrhundert wird der Küstenstreifen der Stadt durch das Fischerviertel Barceloneta vervollständigt. Mit dem Bau der Vía Layetana zu Beginn des 20. Jahrhunderts und des Olympischen Dorfes von 1992 veränderte sich das Gebiet der Ribera so, dass das Viertel nun im Norden an die Calle Trafalgar, im Osten an die Ciudadela, im Süden an die Küstenringstraße und im Westen an die Vía Layetana grenzt.

Das Polizeipräsidium in der Vía Layetana

In *Das Spiel des Engels* ist David Martín geblendet von der Idee der *lux aeterna*, die Andreas Corelli propagiert. Er sucht eine Filiale der Bank Hispano Colonial auf, um die hunderttausend Francs einzuzahlen, die ihm der Verleger für seine Schreibknechtarbeit bezahlt hat. Im Roman befindet sich diese Bank in der Calle Fontanella, in

Wirklichkeit aber lag sie am Ende der Vía Layetana hinter dem Hauptpostgebäude; heute beherbergt das Gebäude ein Luxushotel. Die Hispano Colonial ist ein Symbol für die Finanzkraft der großen Familien, die in Kuba und auf den Philippinen ein Vermögen anhäuften und Anfang des 20. Jahrhunderts die Umgestaltung der Stadt vorantrieben. Mit dem Bau der Layetana, der breiten Straße, die Meer und Berg miteinander verbindet, wurde das Barcelona der mittelalterlichen Innungen aufgebrochen.

Auf der Plaza Urquinaona kauft David Martín seine Zeitung, *Die Stimme der Industrie*, um einen Blick auf die Vermischten Meldungen zu werfen, für die er einmal als Redakteur gezeichnet hat. Fast verdeckt unter den Tagesnews, informiert eine kurze Nachricht über den Brand des Verlages von Barrido und Escobillas, wo er seine Manuskripte als Hintertreppenromanautor abzuliefern pflegte und sich mit seinen knausrigen Verlegern herumschlagen musste.

Wenn wir die Layetana auf der rechten Seite hinuntergehen, stoßen wir bald auf das Polizeipräsidium in der Nr. 43, zwischen der Calle Mieres und der Julià Portet. In den Nachkriegsjahren, in denen *Der Schatten des Windes* spielt, ist es eine gefürchtete Adresse, vor allem wegen der politischen Polizei, der im Roman Inspektor Javier Fumero vorsteht. Ein Präsidium, das von den politischen Gefangenen ebenso gefürchtet wird wie von den Homosexuellen, auf die das Gesetz der Gesellschaftlichen Gefahr Anwendung fand. In diesen düsteren Kerkern landet in *Der Schatten des Windes* der Uhrmacher Federico Flavià – er wurde dabei ertappt, »wie er als Matrone verkleidet auf der Bühne einer Kaschemme in der Calle

Escudellers vor einem offenbar aus Geistesschwachen be-
stehenden Publikum Couplets mit pikantem Text into-
nierte«. Er verbringt »die Nacht in einer schmutzigen
Zelle (…), wo ein Chor von Luden und Messerstechern
sich um ihn riss und ihm danach eine Mordstracht Prügel
verpasste«.

In *Das Spiel des Engels* ist das Präsidium der Schauplatz,
wo Inspektor Grandes David Martín verhört: »Beim Zen-
tralrevier angekommen, ging Grandes hinein, ohne auf
uns zu warten. Mit einem Knochenbrechergriff packten
mich Marcos und Castelo je an einem Arm und schleiften
mich durch ein Labyrinth von Treppen, Gängen und Zellen zu einem fensterlosen Raum, der nach Schweiß und
Urin stank. In der Mitte stand ein wurmstichiger Holz-
tisch mit zwei schäbigen Stühlen. An der Decke hing
eine nackte Glühbirne, und mitten im Fußboden, wo die
leicht gegeneinander geneigten Flächen zusammenliefen,
war ein Abflussgitter eingelassen.«

Calle Princesa 33

Die Vía Layetana scheint dazu berufen, eine nicht enden
wollende Flut von Autos und Touristen, die sich glücklich schätzen, in Barcelona aufeinandergetroffen zu sein,
direkt ins Meer zu spülen, wie sie es seinerzeit mit der
Handwerkerschaft der mittelalterlichen Gassen tat. Um
einmal die Luft der friedlichen Umgebung zu atmen, die
der moderne Städtebau spaltete, biegen wir in die Calle
Princesa ein.

David Martín hat den Laden für Zauberartikel in der Nr. 11 betreten, das nächste Haus nach dem Maskengeschäft: »Durch die Glastür waren in dem düsteren, mit schwarzem Samt ausgekleideten Raum nur vage Umrisse des Interieurs zu erkennen. War man einmal drin, sah man in den Vitrinen Masken und Geräte im viktorianischen Stil, gezinkte Kartenspiele und präparierte Dolche, Zauberbücher und Fläschchen aus geschliffenem Glas, die einen Regenbogen an lateinisch etikettierten, wahrscheinlich in Albacete abgefüllten Tinkturen enthielten. Im Hintergrund stand ein leerer Ladentisch. Die Glocke der Eingangstür hatte mein Erscheinen angekündigt.« Er erblickt einen Spiegel, in dem sich der ganze Laden spiegelt, nur sein Gesicht nicht … Der Angestellte heißt ihn willkommen: »Ein interessanter Trick, nicht wahr?«

Gründer dieses Ladens, El Rey de la Magia, war Joaquín Partagás Jaquet, ein Zauberer, der Tourneen durch Spanisch-Amerika, die Vereinigten Staaten und Europa absolvierte, bevor er sich 1881 in Barcelona niederließ. Er unterhielt ein Theater an den Ramblas und ersann die berühmte Nummer der Spinnenfrau. Er starb 1931.

Durch diese Straße geht auch Óscar Drai: »Auf dem Weg zur Calle Princesa spürte ich meinen Magen knurren und kaufte in einer Bäckerei gegenüber der Basilika Santa María del Mar ein Stück Kuchen. Der Geruch nach süßem Brot schwebte wie ein Echo der Glockenklänge in der Luft.« Óscar bekommt von der Dame in Schwarz, deren Schritten er bei ihren Besuchen des Friedhofs Sarriá gefolgt ist, eine Visitenkarte mit der Adresse des geheimnisumwitterten Michail Kolwenik: Calle Princesa 33, vierter Stock, zweite Tür.

Distinguierte und wichtigste Straße der Bourgeoisie des 19. Jahrhunderts im Ribera-Viertel, macht die Calle Princesa ihrem Namen alle Ehre und bietet dem *Marina*-Protagonisten »betagte Paläste und Häuser (...), die älter wirkten als die Stadt selbst«. Doch wer wohnt wirklich in dem Haus mit der verwaschenen Nr. 33? Folgen wir Óscar: »Ich trat in einen Hausflur, der an den Kreuzgang einer alten Kapelle gemahnte. An einer gesprungenen Emailwand bleichten eine Reihe rostiger Briefkästen vor sich hin. (...) Seit mindestens dreißig Jahren hatte hier niemand mehr eine Glühbirne ausgewechselt.« Auf der Suche nach Kolwenik steigt Óscar »glitschige und ausgetretene« Stufen hinan und bleibt dann vor der zweiten Tür des vierten Stocks stehen, »einer massiven Kassettentür mit einer Klinke, die nach Eisenbahnwaggon aussah«. Er klingelt zweimal und denkt schon, er habe »ein Grab betreten. Eines von Hunderten geisterhafter Häuser, die Barcelonas Altstadt verzaubern.«

Diese Nachforschung ist nur im mysteriösen, phantastischen Barcelona möglich. Wo einmal ein uraltes Haus wie das beschriebene stand, befindet sich heute das moderne Hotel Ciutat Barcelona. Im Erdgeschoss verbindet sich Hightech-Design mit einer renovierten Fassade neoklassischer Nüchternheit.

Der Turm in der Flassaders 30

Von einer Ecke der Calle Princesa dringen wir ins Universum des Ribera-Viertels ein. Mit dem eben erworbenen Geld in der Tasche zieht David Martín aus der bescheidenen Pension in einer düsteren Gasse aus und mietet einen »wuchtig wirkenden Kasten« in der Calle Flassaders 30: »Das Haus, aus dessen mit Reliefs und Wasserspeiern geschmückter Fassade ein Turm wuchs, war seit Jahren verschlossen, die Tür strotzte vor Ketten und rostzerfressenen Vorhängeschlössern.« Das Haus wird vom Immobilienmakler Vicenç Clavé mit Büro in der Calle Comercio vermittelt, gegenüber dem Born-Markt. »Dieses Haus bringt Unglück«, warnt ihn Clavé.

Der Name erinnert an den Ursprung der Straße als Heimat jener Zunft, die mit *flassades* handelte, mit Woll- und Bettdecken und Stoffen. Nicht von ungefähr entscheidet sich Martín für die Flassaders, als er gerade zu Wohlstand gekommen ist. Hier wohnten Ärzte, Notare und adelige Familien, und bis ins 19. Jahrhundert hinein befand sich hier die Münzanstalt (bekannt als *la Seca*, das vom arabischen »Sikka«, Prägestempel, kommt). Eine Steintafel an der Nr. 40 erinnert an diesen Geldglanz, direkt neben der Calle de las Moscas, vielleicht der engsten Gasse der ganzen Stadt. In der Nr. 30bis hatte die Süßwarenfabrik Mauri ihren Sitz; heute ist hier das Restaurant La Báscula beheimatet, aber die Fassade informiert uns immer noch über die Herstellung von »Bonbons, Konserven, Schokoladen, Dragees und Zuckermandeln«. Direkt daneben ein verschlossenes rätselhaftes Haus aus massivem Stein, das der Phantasie Flügel verleiht. In der

Nr. 32 können wir noch die Spezialitäten von Can Mauri degustieren, einer Konditorei mit Jugendstildekor und einer geätzten Glasscheibe mit dem Hinweis, dass die Firma 1840 gegründet worden war.

Der Turm des Romans »thronte wie ein Aussichtsturm über den Dächern des Ribera-Viertels und mündete in eine kleine Laterne aus Buntmetall und -glas, die von einer Windrose in Gestalt eines Drachens gekrönt war«. Durch die vier großen Fenster seines Arbeitszimmers kann David die Kathedrale Santa María del Mar ausmachen, den Born-Markt, den Francia-Bahnhof und die verknäuelten Straßen der Stadt in anhaltendem Wandel: »Die Altstadtdächer leuchteten im Raureif, und purpurn zog sich der Himmel über Barcelona zusammen. Als die Glocken von Santa María del Mar schlugen, flog von einem Taubenschlag eine Wolke schwarzer Flügel auf. Ein schneidend kalter Wind trug den Geruch der Molen und den Ruß von den Schornsteinen im Viertel herbei.«

David Martíns Gemütszustände sind eng mit der Landschaft verknüpft, die er von seiner Burg aus sieht. An einem Sommertag verbindet sich das erstickend drückende Wetter mit Corellis unheilvollem Einfluss. Die Stadt scheint einen industriellen Fortschritt voller Fährnisse auszubrüten: »In der Ferne erhoben sich rauchend wie Scheiterhaufen die drei Schlote des Paralelo und breiteten eine Decke weißer Asche über Barcelona aus, wie Staub aus Glas.« Auf den Dachterrassen der Umgebung versuchen die Nachbarn Schlaf zu finden, und vor der Skyline der Stadt, die ihre Geheimnisse von Feuchtigkeit und Salpeter vor sich herraunt, zeichnet sich das

Mercè-Standbild ab. Schlechte Vorzeichen: David erblickt die in der engen, düsteren Calle de las Moscas kauernde Isabella.

Can Gispert

Nachdem er in die Calle Flassaders gezogen ist, versorgt sich David Martín mit Esswaren von Can Gispert, »einem wundervollen Lebensmittelgeschäft in der Calle Mirallers hinter der Kathedrale Santa María del Mar«. Die Monatsbestellung liefert ihm die Tochter der Inhaber ins Haus, Isabella, die ihn bei seinen literarischen Arbeiten begleiten und viel später den jungen Sempere heiraten und mit ihm den Sohn Daniel bekommen wird.

Als er den Laden aufsucht, entdeckt David einen »mit Wunderdingen aus allen Ecken der Welt bestückten kleinen Basar«. Er vereinigt alle Düfte und Geschmäcke das Born-Viertels: »Marmeladen, Süßigkeiten und Tees, Kaffees, Spezereien und Konserven. Obst und luftgetrocknetes Fleisch, Schokoladen und geräucherte Wurstwaren. Ein Schlemmerparadies für gut gepolsterte Taschen.«

Er kann nicht verstehen, warum Isabella »den Verlockungen des Kommerzes abgeschworen hatte, um sich dem Elend der Literatur zu opfern«. Can Gispert gibt es wirklich, zwar nicht in der Calle Mirallers, aber doch sehr nahe: in der Calle Sombrerers 23, die parallel zur

Linke Seite: Lebensmittelgeschäft Can Gispert

rückwärtigen Fassade von Santa María del Mar verläuft, zwischen Argentería und Montcada.

1851 als Lager für Kolonialprodukte gegründet, verbreitet Can Gispert die Düfte von Kaffee, Gewürzen, Kakao und gerösteten Trockenfrüchten, was uns Proust'sche Erlebnisse verschafft. Die gerösteten Mandeln sind eine Spezialität des Ladens, ebenso die hausgemachten Turrone und die Schokoladen mit hohem Kakaogehalt. Anregender Lebensmittelkosmos, seit Jahrzehnten hinter den altehrwürdigen Mauern von Santa María del Mar ansässig.

Armenhaus Santa Lucía in der Calle Montcada

Wir verlassen die Calle Sombrerers und gehen zur Montcada. Sie ist eine gotische Straße aus Barcelonas Gründungszeit, die Museen wie dasjenige Picassos, Souvenirläden und Kunstgalerien beherbergt. In jedem dieser alten Paläste hätte sich das fiktive Armenhaus Santa Lucía »von gespenstischem Ruf« befinden können, das Daniel mit Fermín Romero de Torres in *Der Schatten des Windes* besucht, um Nachforschungen über Julián Carax und Penélope Aldaya anzustellen.

Im Lauf der Jahrhunderte hat jeder Palast in der Montcada mit dem Auf und Ab des Schicksals unterschiedliche Verwendungen erfahren. Die Straße ist sozusagen Inventar und Chronik Barcelonas in einem. Die Geschichte des Armenhauses Santa Lucía könnte für jeden alten Bau in dieser Straße gelten: »Vom 11. Jahrhundert an hatte er unter anderem mehrere vornehme Familien, ein Gefängnis, einen Kurtisanensalon, eine Bibliothek mit verbotenen Handschriften, eine Kaserne, eine Bildhauerwerkstatt, ein Pestsanatorium und ein Kloster beherbergt.« Früherer Bewohner war im Roman außerdem der Alchimist Baltasar Deulofeu, der menschliche Föten in Formol sammelte und in einem beunruhigenden »Tenebrarium« Spiritismus und Totenkult betrieb. Schließlich wird der unheimliche Ort von einem religiösen Orden in eine Fürsorgeinstitution umgewandelt.

Durch ein morsches Holztor gelangen Daniel und Fermín »auf einen Innenhof, bewacht von Gaslampen, die ihr Licht auf Wasserspeier und steinerne Engel mit ausgewaschenen Gesichtszügen warfen. Eine breite Treppe führte zum ersten Stock hinauf, wo ein helles Rechteck den Haupteingang des Altenheims markierte.« Das Bild passt in die dekadente Periode der Montcada-Paläste; heute sind sie, zu kulturellen oder touristischen Einrichtungen gestylt, ein Schaufenster des gotischen Barcelona.

Um uns von diesem Eindruck zu erholen, gehen wir in derselben Straße in die Taverne El Xampanyet – im Viertel ebenfalls Ca l'Esteve genannt – mit ihren Lederflaschen für den Wein, den Marmortischen und dem mit Kohlensäure versetzten Wein, für den sie bekannt ist. Nach dem Verlassen des Armenhauses atmen Daniel und Fermín tief durch. »Hören Sie, Daniel, wie wäre es, wenn wir uns im Xampanyet da vorn einige Schinkenkroketten und ein paar Gläschen Sekt zu Gemüte führten?«, schlägt der clevere Romero de Torres vor. Das hört sich gut an und nimmt ein schlimmes Ende: Noch bevor sie in der Schenke angelangt sind, schlagen der verruchte Inspektor Fumero und zwei seiner Adlaten Fermín zusammen. Unterstützt von zwei Gästen des Xampanyet, schleppt Daniel den verletzten, halb ohnmächtigen Fermín zu einem Taxistand in der Calle Princesa; danach eilt er zu Gustavo Barceló und bittet um Hilfe.

In *Das Spiel des Engels* verabredet sich David Martín mit Inspektor Grandes ebenfalls im Xampanyet: »Ein Kellner mit einem nach Lauge stinkenden Scheuerlappen sah uns fragend an, und Grandes bestellte zwei Bier und eine Portion Manchego-Käse.« In dieser Schenke finden Daniel und Fermín wiederum Unterschlupf nach Fermíns Junggesellenabschied vor seiner Verehelichung mit der Bernarda. Bis zum Hals hinauf mit Rum mit Zitrone angefüllt, dem offiziellen Getränk des Abends, befinden sie sich nach der Party in La Paloma am Ende der Nacht auf dem »traditionellen Vorhochzeitsspaziergang« zum Wellenbrecher: »Das einzige Lokal, das zu dieser Stunde noch auf hatte, war das Xampanyet in der Calle Montcada. Offenbar riefen wir einen äußerst bemitleidenswerten Eindruck hervor, denn man ließ uns eine Weile bleiben, während saubergemacht wurde. Beim Schließen drückte der Wirt Fermín angesichts der Nachricht, dass er in wenigen Stunden ein verheirateter Mann wäre, sein Beileid aus und schenkte uns eine Flasche der hauseigenen Medizin.«

Santa María del Mar

In *Der Schatten des Windes* wird auf einer Bank des Paseo del Borne ein Mann tot aufgefunden, »die Hände im Schoß gefaltet und den Blick auf die Basilika Santa María del Mar gerichtet«, und die fromme Bernarda, Dienstmädchen beim Buchhändler Gustavo Barceló, geht täglich in diese Kirche der mittelalterlichen Innungen, um »den Acht-Uhr-Gottesdienst zu hören, und dreimal pro Woche ging sie beichten«. Das ist nicht weiter verwunderlich. Die Bernarda sucht diese Kirche auf, da sie an einem der vielen Gemüsestände auf dem Born-Markt arbeitet und ihren literarischen Hunger mit dem Sonntagsblatt der Kirchgemeinde stillt. Erde und Himmel in glücklicher Verbindung.

Santa María del Mar ist Barcelonas gotische Eleganz, seine Kathedrale des Meeres. In *Das Spiel des Engels* verbinden sich die Gerüche von Can Gispert mit dem Straßenlärm rund um die Basilika. Ende der zwanziger Jahre ist der Born Barcelonas zentraler Versorgungsmarkt und Santa María del Mar, von den mittelalterlichen *bastaixos* (Gelegenheitsarbeitern) erbaut, der Mittelpunkt kommerzieller Geschäftigkeit.

Vor den Türen der Basilika betrachtet David ein Viertel, in dem es »wimmelte von Vehikeln und Leuten auf dem Weg zum Markt und von Klein- und Großhändlern, die ihre Läden öffneten«, und es kommt ihm vor wie das geistige Zentrum des Handwerkertums.

Santa María del Mar ist voller Geheimnisse. Während er von seinem Turm aus die Kirche betrachtet, vergleicht der Protagonist von *Das Spiel des Engels* auf seiner Un-

derwood-Maschine die Schrift des *Lux Aeterna*-Exemplars, das er aus dem Friedhof der Vergessenen Bücher gerettet hat: »Einer der Buchstaben, das große S, war immer leicht nach rechts geneigt.« Er tippt aufs Geratewohl einen Satz: »*S*anft klingen die Glocken von *S*anta María del Mar.« *Lux Aeterna* »war auf ebendieser Schreibmaschine geschrieben worden und vermutlich auch an ebendiesem Schreibtisch«. Himmel gegen Hölle.

Der Born

In der Umgebung des ehemaligen Born-Markts, heute ein stummes Eisengerüst auf den Ruinen von 1714, wimmelt es von anderen, nicht weniger beunruhigenden Anwohnern. Michail Kolwenik, sinistre Gestalt in *Marina*, ist Mitinhaber der Velo-Granell, einer Fabrik für Orthopädieartikel und medizinische Prothesen, die ihn nach dem Marokko-Konflikt und dem Ersten Weltkrieg zu einem der mächtigsten Männer Barcelonas machen wird, als die spanische Neutralität einen Devisenzustrom auslöst. Die Werkstätten gruppieren sich um den Markt herum, Barcelonas Versorgungszentrum, das in den siebziger Jahren in den zentralen Markt Mercabarna verlagert wurde. Kolwenik erfindet künstliche Gelenke und einen pneumatischen Mechanismus, der seinen Prothesen Leben verleiht, dehnt seine Produktion auf Kreislaufklappen aus und entwirft mensch-

Linke Seite: Kathedrale Santa María del Mar

liche Automaten für den Vergnügungspark auf dem Tibidabo.

In der Velo-Granell kommt seine Frau Ewa Irinowa hinter Kolweniks schrecklichste Facette. Neben Füßen, Händen und Glasaugen entdeckt sie auch riesige Formoltanks mit »Leichen, die ein makabres Ballett tanzten«, und einen Metalltisch mit einer »vom Bauch bis zum Hals aufgeschnittenen nackten Frau«.

In *Das Spiel des Engels* erscheint der Born von neuem, in den verschiedensten Stimmungslagen. Eben ist David Martín mit der Straßenbahn von Sarriá zur Plaza Palacio gefahren. Es wird dunkel, es pfeift ein eisiger Wind, und es sieht nach Gewitter aus: »In den Straßen um den Born herum befestigten die Leute Türen und Fenster, die Krämer schlossen vorzeitig die Läden, und die Kinder kamen aus den Häusern, um mit zum Kreuz erhobenen Armen gegen den Wind anzuspielen und über das Krachen des Donners zu lachen.«

In *Der Gefangene des Himmels* kommt Fermín durch die Calle Comercio. Nach seiner Gefangenschaft in und der Flucht aus dem Montjuïc-Kerker ist er im Barcelona des Jahres 1941 ein Geächteter, der der Guardia Civil aus dem Weg geht: »Die Straßen waren menschenleer, und durch die Gassen pfiff eine kalte Brise.«

Er sucht Unterschlupf in den verborgensten Winkeln der Gassen, in der Nähe des alten Gemäuers in der Calle Flassaders, wo David Martín gewohnt hat, sein ehemaliger Mitgefangener, neben der Schokoladenfabrik Mauri. Dort stellt er niedergeschlagen fest, dass das Haus nach den Bombardierungen des Bürgerkriegs nur noch ein Haufen elender Steine ist. Als wollte er sich lebendig be-

Francia-Bahnhof

graben, um ungesehen zu bleiben, betritt Fermín »den Ruinenbereich, [umgeht] Trümmer, zerbrochene Wasserspeier und in unmöglichen Knoten verzahnte Balken«. Kurz nachdem er sich zum Schlafen zusammengerollt hat, sieht er eine Gestalt sich in den Schatten der feuchten Nacht bewegen. Es ist der von der Vorsehung gesandte Pater Valera. Der Geistliche, ein gelehrter Mann, der ebenso *Die Elenden* liest wie Antonio Machado, beschenkt Fermín mit Kleidern und Essen und lässt ihn oben in seinem Haus am Ende des Paseo del Borne übernachten. Am nächsten Morgen verlässt der Flüchtige seinen Wohltäter gesättigt, in sauberen Kleidern und auf Zehenspitzen und setzt seine klandestine Wanderung fort.

Der Francia-Bahnhof

Im Mai 1980 unterhält sich ein sieben Tage lang spurlos verschwundener Junge im Francia-Bahnhof, »einer aus Eisen und Nebel geschmiedeten Kathedrale«, mit einem Polizisten in Zivil. Der Bursche heißt Óscar Drai. So beginnt *Marina*. Ein Polizist und ein Junge auf einer Bahnsteigbank in einem dunstigen Bahnhof. Nach dem Gespräch begleitet der Beamte Óscar auf die Straße hinaus und gibt ihm Geld für ein Taxi und als Zugabe den lapidaren Satz: »Es verschwinden nur Leute, die auch irgendwo hingehen können.«

Óscar wird zu diesem Bahnhof zurückkommen. An einem kalten Novembersonntagmorgen begleitet er Marina und ihren Vater, den Kunstmaler Germán Blau. Die beiden wollen den Neun-Uhr-Zug nach Madrid nehmen, um einen Arzt aufzusuchen, der Wunder wirken soll: »Im Bahnhof zog sich Germán in ein Café zurück, während Marina und ich am Schalter die vorbestellten Fahrkarten abholen gingen. Kurz vor der Abfahrt umarmte mich Germán so innig, dass ich beinahe in Tränen ausgebrochen wäre. Mit Hilfe eines Dienstmannes stieg er ein und ließ mich für den Abschied mit Marina allein. Im riesigen Bahnhofsgewölbe verhallte das Echo Tausender von Stimmen und Pfeifen.«

Eine Woche später, wieder an einem Sonntag, wartet Óscar im Francia-Bahnhof auf die Rückkehr von Vater und Tochter. Es dauert noch zwei Stunden, und er spaziert in dem für die Weltausstellung von 1929 errichteten Gebäude umher. Die Szene ereignet sich ein halbes Jahrhundert nach der Einweihung, als der Bahnhof unter einem Verfall leidet, dem erst seine Sanierung im Rahmen eines anderen städtischen Ereignisses ein Ende setzt: der Olympischen Spiele 1992.

Óscar lässt sich kein Detail des Art-déco-Metallgewölbes entgehen, das Züge und seltsame Pilger aufnimmt: »Für mich gehörten die alten Bahnhöfe schon immer zu den wenigen magischen Orten, die es auf der Welt noch gab. Hier mischten sich die Geister der Erinnerungen und Abschiede mit dem Beginn Hunderter von Reisen an ferne Destinationen und ohne Rückkehr. Wenn ich mich eines Tages verirre, soll man mich auf einem Bahnhof suchen, dachte ich.« Der schrille Pfiff des Eilzugs aus Madrid holt ihn in die Wirklichkeit zurück: »Der Zug fuhr in vollem Galopp in den Bahnhof ein und peilte sein Gleis an; das Ächzen der Bremsen erfüllte die Luft. Seinem Gewicht entsprechend träge kam er zum Stillstand. Die ersten Fahrgäste stiegen aus, namenlose Gestalten. Ich ließ den Blick über den ganzen Bahnsteig schweifen, mein Herz drohte zu bersten.«

Der Francia-Bahnhof ist David Martíns Lieblingsort in *Das Spiel des Engels*. Von den städtebaulichen Neuerungen der Weltausssstellung ist seine bevorzugte »dieses kathedralenartige Gewölbe aus Stahl und Glas«, das er vom Fenster seines Turms in der Calle Flassaders aus sehen kann. Auf einem der Bahnsteige wartet er auf seine geliebte Cristina, während »der Regen schon kräftig aufs Dach« prasselt. Ein andermal starrt er in die marmorne Halle, deren Boden vor ihm liegt wie »ein Spiegel, der das Bild der großen Uhr an der Decke wiederholte«.

David schaut auf die Uhr und die geschlossenen Fahrkartenschalter. Auf seiner Fahrt nach Puigcerdà, wo er

Cristina besuchen will, gibt er sich in seinem Abteil »der lauen Wärme der Heizung und dem sanften Rütteln hin«. Der Bahnhof ist ein Ort des Ankommens – oder der Flucht, wo Julián Carax, der Autor von *Der Schatten des Windes*, einen Zug nach Paris besteigt. An diesem Tag war »der Francia-Bahnhof menschenleer; die Bahnsteige glänzten im Morgenlicht und verloren sich dann im Nebel«. Auf eine der Bänke unter dem metallisch grauen Gewölbe setzt sich Julián Carax mit einem Buch in den Händen: »Er wusste, dass er den Zug einzig in Begleitung seiner Erinnerung besteigen würde.«

In unguten Momenten können Erinnerungen ebenso helfen, wie sie die Qualen noch vergrößern mögen. Und in Fermíns trauriger Erinnerung gibt es nichts Schlimmeres als den Abend, als er im feindlichen Nachkriegsbarcelona, das ihn zu einem Flüchtling mit falscher Identität gemacht hat, aus dem Zug steigt: »Die Lokomotive hatte eine Dampf- und Rußwolke ausgespuckt, die sich über den Bahnsteig zog und die Schritte der Passagiere verhüllte.« Angehöriger eines von Krieg und Hunger geschlagenen Volkes, zu ewiger Wanderung verdammt, »reihte sich Fermín in den schweigenden Marsch zum Ausgang ein, Leute in zerlumpten Kleidern, die mit Schnüren zusammengehaltene Koffer schleppten, vorzeitig Gealterte, die ihre gesamte Habe in einem Bündel mit sich trugen, und Kinder mit leerem Blick und leeren Taschen«.

Der Ciudadela-Park

David Martíns erste Begegnung mit Andreas Corelli findet auf dem Dach des Wasserspeichers im Ciudadela-Park statt. Nach einer wirren Episode, in der ihn in der Nähe der Sagrada-Familia-Kirche beinahe eine Straßenbahn überfahren hätte, erwacht David neben einem in Lumpen gekleideten Mann. »Der Wasserspeicher glich einer wuchtigen Burg oder einem Gefängnis. Er war für die Weltausstellung von 1888 gebaut worden, aber inzwischen diente sein Bauch, der wie eine weltliche Kathedrale wirkte, Todgeweihten und Bettlern bei Nacht oder Kälte als Unterschlupf.« Auf einer der Bänke auf dem Dach bemerkt er die Silhouette Corellis, des Verlegers, für den er exklusiv arbeiten soll. Im Wasserspeicher wurde auch die Leiche des Anwalts Marlasca gefunden; es hieß, vermutlich sei er ertrunken – er, der »als junger Mann auch zweimal die weihnachtliche Hafenüberquerung, die der Schwimmklub Barcelona organisiert, gewonnen hat«.

In der Nr. 48 der Calle Wellington gelegen, im hinteren Teil des Ciudadela-Parks, versorgte der von Fontserè nach römischer Norm geplante Speicher, dessen Wasserkapazität ein junger Gaudí berechnete, den Park mit Wasser. Nach einem Jahrhundert unterschiedlicher Nutzung – als Altenheim, Fuhrpark der Feuerwehr und der städtischen Polizei sowie Gerichtsarchiv – wurde das stattliche Gebäude zur Bibliothek der Universität Pompeu Fabra umgestaltet.

Im Turm in der Calle Flassaders, Marlascas ehemaliger Behausung, findet David eine Blechschachtel mit alten

*Ciudadela-Park, Brücke und Fassade des Palastes
der Weltausstellung von 1888*

Fotos: »Es waren Bilder aus einer anderen Zeit, alte Postkarten eines vergangenen Barcelona, von den niedergeris-
senen Palästen im Ciudadela-Park nach der 1888er-Welt-
ausstellung, von alten zerfallenen Häusern und Alleen
mit nach der damaligen steifen Art gekleideten Menschen, von Fuhrwerken und Erinnerungen, die die Farbe
meiner Kindheit hatten.« Dank dieser Ausstellung wandelte sich die Ciudadela von einer Landschaft verlorener
Kriege in einen heiteren Park, wo im Zoo die steinerne
Dame mit dem Regenschirm herrscht und wo die Kinder
ihre Eltern am Ärmel zupfen, um in ebendiesen Zoo zu
gehen. Vom Tod zum Leben. Schriftstellerstatuen, ein
Teich mit Booten für die Verliebten, und im Gewächshaus
lässt die Temperatur exotisches Blattwerk gedeihen …

In diesem Gewächshaus haben sich David Martín und
Andreas Corelli verabredet: »Wir saßen auf einer Bank

im goldenen Halbdunkel. (…) Ein gewölbtes Dach aus Lamellen filterte das Licht zu Goldstaub, die Pflanzen modellierten das Hell und Dunkel des seltsamen Dämmerns um uns herum.« Nach einem religiös-philosophischen Gespräch, so dicht wie die Feuchtigkeit um sie herum, hat Patron Corelli die verschwitzte Hand seines verängstigten Untergebenen gedrückt; der Schriftsteller sieht ihn »im Schatten des Gewächshauses davongehen, während seine Schritte verklangen«. Als er den Ort verlässt, zittern David Martín noch immer die Hände.

Die Warenbörse

Um den Bankrott seiner Firma zu übertünchen, organisiert Michail Kolwenik eine Luxuscocktailparty in der Warenbörse, dem städtischen Finanztempel mit seinen Schachbrettfliesen, die uns daran zu erinnern scheinen, dass die Wirtschaft ein dauerndes Schachmatt ist: »An alle großen Aktionäre, an Barcelonas wichtige Familien wurden Einladungen versandt. Am betreffenden Abend selbst schüttete es wie aus Kübeln. Die Börse war wie ein Traumpalast geschmückt.« Am Ende schlagen alle vornehmen Gäste die Einladung aus, und Kolwenik sitzt allein im Saal, »in seinem tadellosen Frack und eine der Zigaretten rauchend, die er sich aus Wien schicken ließ«.

Gegenüber der Börse, im schönen Haus mit den Laubengängen, das der in Kuba zu Geld gekommene Xifré bauen ließ, befindet sich das Restaurant Set Portes (Sieben Türen), wo sich die Redaktion der *Stimme der Indus-*

trie, David Martíns Zeitung, zum Weihnachtsessen eingefunden hat. Ihn hat man nicht eingeladen: »Ich sah drinnen meine Kollegen lachen und anstoßen. Ich hoffte, meine Abwesenheit würde sie glücklich machen oder sie wenigstens vergessen lassen, dass sie es nicht waren und nie sein würden.«

Auf der Plaza Palacio, neben der Börse, hat David Martín die erste Straßenbahn des Tages nach Sarriá genommen: »Über der Oberleitung sprühten blaue Schlangen aus Funken. Ich stieg ein und setzte mich ganz nach vorn.«

Die Barceloneta

Das Meer hilft die Unruhe lindern. Der verfolgte Julián Carax, der seine Identität verbirgt, geht mit Nuria Monfort in die Barceloneta: »Wir setzten uns in den Sand, dicht ans Wasser, wie die Kinder und die Alten. Julián lächelte schweigend, in seinen Erinnerungen versunken.« In *Der Gefangene des Himmels* erreichen Daniel und Fermín wenige Stunden vor dessen Trauung den Hafen, um die letzte Flasche der Nacht beziehungsweise die erste des Morgens zu teilen, die ihnen im Xampanyet geschenkt wurde. Die Füße von der Mole baumeln lassend, betrachten die beiden Freunde zwischen Champagnerschlucken »schweigend die Stadt und verfolgten den Flug eines Möwenschwarms über der Kuppel der Mercè-Kirche, der dann einen Bogen zwischen den Türmen des Postgebäudes zeichnete«.

San-Sebastián-Turm der Hafenseilbahn

Diese Meerlandschaft findet sich auch auf alten Fotos der Aristokratenfamilie Vidal, aufgenommen in den Bädern des San-Sebastián-Strandes der Barceloneta. In diesem Fischerviertel, wo bürgerliche Badegäste und Arbeiterfamilien beim Sardinenschmaus koexistierten, liegt in der Calle San Carlos das Restaurant Can Solé. Dort nehmen David Martín und Don Basilio Platz, um den Erfolg von *Die Geheimnisse Barcelonas* zu feiern.

Über den Paseo Juan de Borbón gelangen wir zum San-Sebastián-Turm, der mit seiner Drahtseilbahn den Hafen mit dem Montjuïc-Hügel verbindet. Anlässlich der 1929er-Weltausstellung errichtet, »ragte er rund achtzig Meter in die Höhe, ein Gewirr von Kabeln und Stahl, das einen vom bloßen Hinsehen schon schwindeln machte. (…) Das Seil führte sie quer übers Hafenbecken zu einem großen, dem Eiffelturm nacheifernden Aussichtsturm auf halbem Weg, von dem aus die Kabinen über die zweite Teilstrecke zum Montjuïc-Hügel schwebten, wo das Herzstück der Ausstellung angesiedelt war.«

In einer dieser über dem Meer und der fiebrigen Stadt schwebenden Gondeln wird sich David Martín mit Andreas Corelli treffen und es später mit Inspektor Grandes zu tun bekommen: »Die Kabine verließ den Turm und setzte zum letzten Stück der Überfahrt an. Grandes trat ans Fenster und betrachtete die Stadt, ein Blendwerk aus Lichtern und Dünsten, Kathedralen und Palästen, Gässchen und breiten Alleen, das in ein Labyrinth aus Schatten eingebettet war.«

Die Schwebebahn nähert sich dem Montjuïc, auf dem sich »düster das Kastell wie ein geisterhafter Vogel« erhebt, »lauernd die Stadt zu seinen Füßen beobachtend«, wie es in *Der Gefangene des Himmels* heißt.

Der Montjuïc

Die Seilbahn setzt uns in der Nähe des heutigen Hotels Miramar ab, von wo aus wir einen langen Spaziergang über den Montjuïc unternehmen können. Der Hügel, den das Kastell krönt, erscheint in *Der Schatten des Windes*, *Das Spiel des Engels* und *Der Gefangene des Himmels*. In *Das Spiel des Engels* kommt es zur Verfolgungsjagd von David Martín und Inspektor Grandes. Es sind nur zwei Wochen vergangen seit der Schließung der Weltausstellung; ihre stillen Pavillons »wirkten bereits wie die Ruinen einer großen vergessenen Kultur. (…) Je höher wir auf der Straße kamen, die sich um den Hügel herum dem Stadion entgegenschlängelte, desto mehr gewann der Inspektor an Terrain, bis ich im Rückspiegel deutlich sein Gesicht erkennen konnte. (…) Vor mir lagen die großen Balustraden von Miramar mit ihrem weiten Ausblick über die Stadt.«

Der Montjuïc beherbergt ein Kastell mit trauriger Geschichte, vom ersten Drittel des 19. Jahrhunderts über die Prozesse nach der »Tragischen Woche« von 1909 bis zu den Jahren des Bürgerkriegs und der Repression der Nachkriegszeit. Die Angst, die die Militärfestung den Barcelonesen einflößt, hat ihren Ursprung in einer langen Chronologie der Unterdrückung. Am Samstag, dem 3. Dezember 1842, beauftragt General Espartero General Juan van Halen mit der Bombardierung der Stadt, die sich gegen seine Herrschaft aufgelehnt hat. Die Schießscharten des Kastells spucken mehr als tausend Geschosse aus, die in vierhundert Häusern Verheerungen anrichten.

»In früheren Zeiten war die Stadt vom Kastell aus mit

Kanonenkugeln beschossen worden, aber nur wenige Monate nach dem Fall Barcelonas im Januar und der endgültigen Niederlage im April nistete hier still der Tod, und die in der längsten Nacht ihrer Geschichte gefangenen Barcelonesen schauten lieber nicht zum Himmel empor, um die Silhouette des Gefängnisses oben auf dem Hügel nicht sehen zu müssen.« So lautet die Diagnose in *Der Gefangene des Himmels.*

In seiner Phase als anarchistischer Revolverheld verhaftet Inspektor Fumero, eine Figur in *Der Schatten des Windes*, im blutigen Revolutionssommer 36 die Unglücklichen, die sich ihm in den Weg stellen, und lässt sie dann erschießen. Nachdem er die Seite gewechselt hat und vom Anarchosyndikalisten zum Inspektor der politischen Polizei Francos geworden ist, mordet Fumero in den Verliesen des Kastells weiter. Und kurz nach Ende des Bürgerkriegs unterstellt sich Fumero dem Direktor der Festung, Mauricio Valls, der seinen verbrecherischen Sadismus mit dem Verfassen mittelmäßiger Literatur übertüncht und alle hasst, die besser sind als er. »Alle zwei Wochen wurde ein militärisches Schnellstverfahren durchgeführt, und im Morgengrauen wurden die Gefangenen füsiliert. Manchmal schaffte es ein Erschießungskommando wegen des schlechten Zustands der Gewehre oder der Munition nicht, ein lebenswichtiges Organ zu treffen, und danach waren die Klagelaute der in den Graben gefallenen Füsilierten noch stundenlang zu hören.«

In einer dieser dunklen Zellen ohne Wasser und frische Luft landet im unheilvollen Jahr 1939 auch Fermín Ro-

S. 166/167: Magischer Brunnen und Nationalpalast

mero de Torres. In den infernalischen Gängen des Montjuïc trifft er auf David Martín, den alle als den Gefangenen
des Himmels kennen. Hingerissen lauschen die Mitinhaftierten den Geschichten, die ihnen der von Fermín erkannte und bewunderte Autor von *Die Stadt der Verdammten* erzählt. In der Stille der nicht enden wollenden
Nächte, die auf einen nahe bevorstehenden Tod schließen
lassen, hört Fermín, wie David Martín mit jemandem diskutiert, den er Señor Corelli nennt. Sich an ein altes Foto
von Isabella klammernd, baut der Schriftsteller auf die
Hilfe Fermíns, des jungen Gefängniswärters Bebo und
Dr. Roman Sanahujas, des Leiters der Inneren Medizin des
Klinikums: »Mit den Monaten nahm Dr. Sanahujas Zuneigung für Martín zu, und eines Tages, als sie gemeinsam
einen Zigarettenstummel rauchten, erzählte er Fermín,
was er von der Geschichte dieses Mannes wusste, dem
einige, sich über seine Wahnvorstellungen und seinen
Rang als offizieller Gefängnisspinner mokierend, den
Spitznamen der Gefangene des Himmels verpasst hatten.«
Laut dem Arzt ist Martín besessen vom *Grafen von Monte
Christo*, in dem er den Schlüssel für die Flucht aus dem
Kastell des Montjuïc sieht. Der Gedanke verhallt nicht
ungehört – Fermín registriert ihn sehr genau …

Am Ende bringt der Berg Leben und Tod miteinander
in Einklang – Barcelonas Erinnerung an die unheilvolls-
ten Zeiten und seine olympische Auferstehung. Von der
Seilbahn aus fällt der Blick auf die Stadt der Bomben,
der Wunder und Schandtaten, »ein Blendwerk aus Lichtern und Dünsten, Kathedralen und Palästen, Gässchen
und breiten Alleen (…)«. Oder wie Grandes ausruft: »Die
Stadt der Verdammten – je weiter weg, desto schöner.«

Es gibt Straßen, die man abschreitet, ja abspaziert. Andere tritt man bloß mit Füßen. Der Barcelonese ist eine Fußtreternatur (nicht identisch mit Fußgängernatur) par excellence, und die Gehsteige dieses Viertels gehören zu den abgetretensten der nördlichen Hemisphäre. Als junger Bursche trug ich nachhaltig zur Belagsabnutzung der Plaza de Cataluña bei, dieser Schwelle zum Ensanche, und wenn es mich heute dahin verschlägt, fällt es mir noch immer schwer, nicht erneut den Zusammenprall zwischen der alten und der modernen Stadt zu sehen, zu riechen oder zu spüren, so wie ich ihn aus den siebziger Jahren des vergangenen Jahrhunderts in Erinnerung habe. Ein Teil des düster-gräulichen Schmutzes, der es bzw. seinen sichtbaren Teil bedeckte, ist verschwunden und durch einen anderen, synthetischeren ersetzt worden, aber für mich erklingen – wie es in alten Filmen hieß – in seinen Straßen noch immer dieselben Lieder.

CARLOS RUIZ ZAFÓN

Plaza de Cataluña – Universität – Ensanche

Intrigenbüros

Hotel Colón auf der Plaza de Cataluña

»Als ich zur Plaza de Cataluña kam, sah ich, dass sich in der Mitte ein Taubenschwarm versammelt hatte. Sie ließen keine Handbreit Boden frei, ein Schleier weißer Flügel, die sich lautlos wiegten. Zuerst wollte ich um sie herumgehen, aber genau in diesem Moment sah ich, dass sich der Schwarm vor mir auftat, ohne aufzufliegen. Ich ging langsam weiter und sah, dass die Tauben hinter mir wieder zusammenrückten. Im Zentrum des Platzes angekommen, hörte ich die Glocken der Kathedrale Mitternacht schlagen.«

CARLOS RUIZ ZAFÓN, *Der Schatten des Windes*

Route 1

1 Plaza de Cataluña, Hotel Colón (Banesto-Haus)
2 *La Vanguardia* (Calle Pelayo 28)
3 Eingang zu den Ferrocarriles de la Generalitat
  (Bahn der Autonomen Gemeinschaft Katalonien)
4 Plaza Universidad
5 Universität Barcelona
6 Hutmacherladen Fortuny (La Torre, Ronda de
  San Antonio 63)

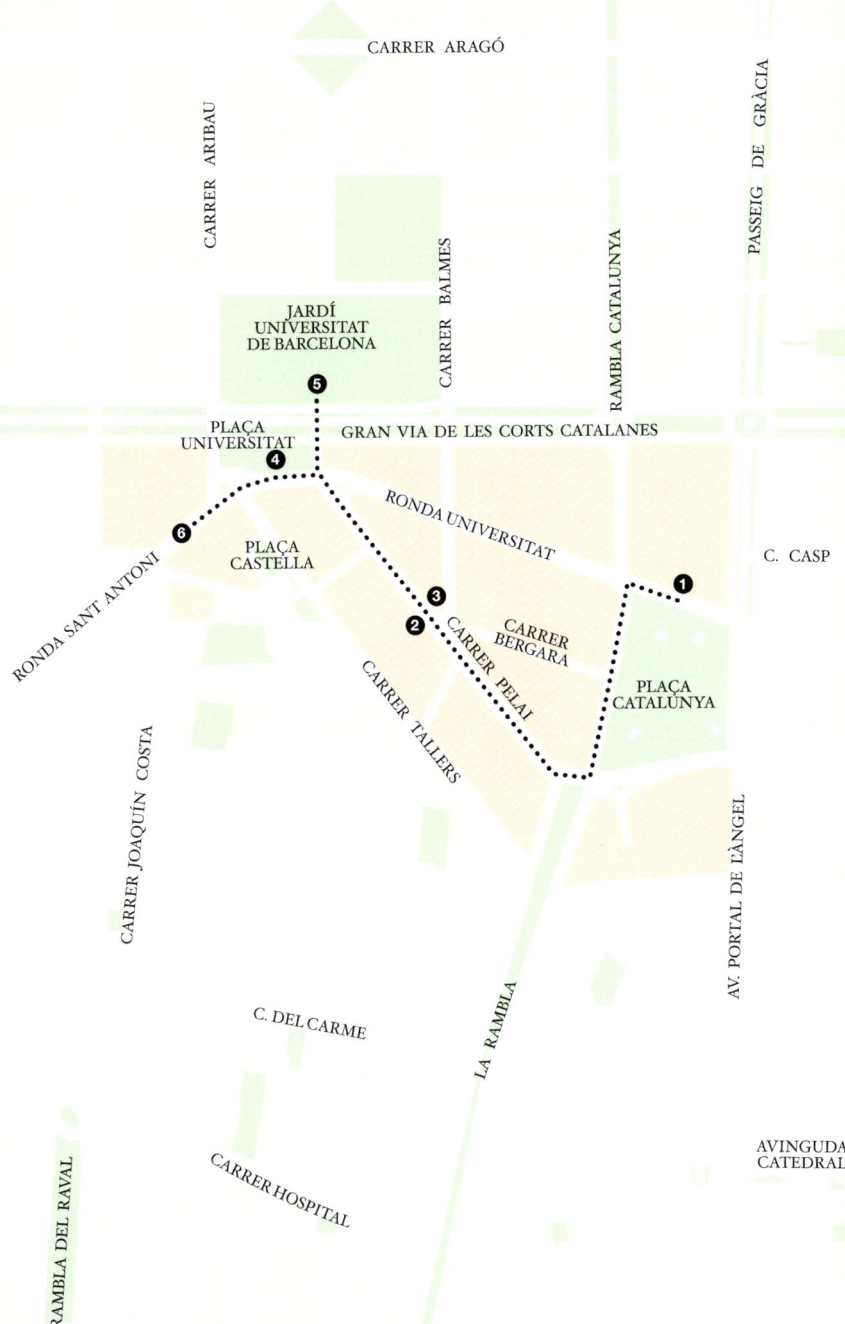

Route 2

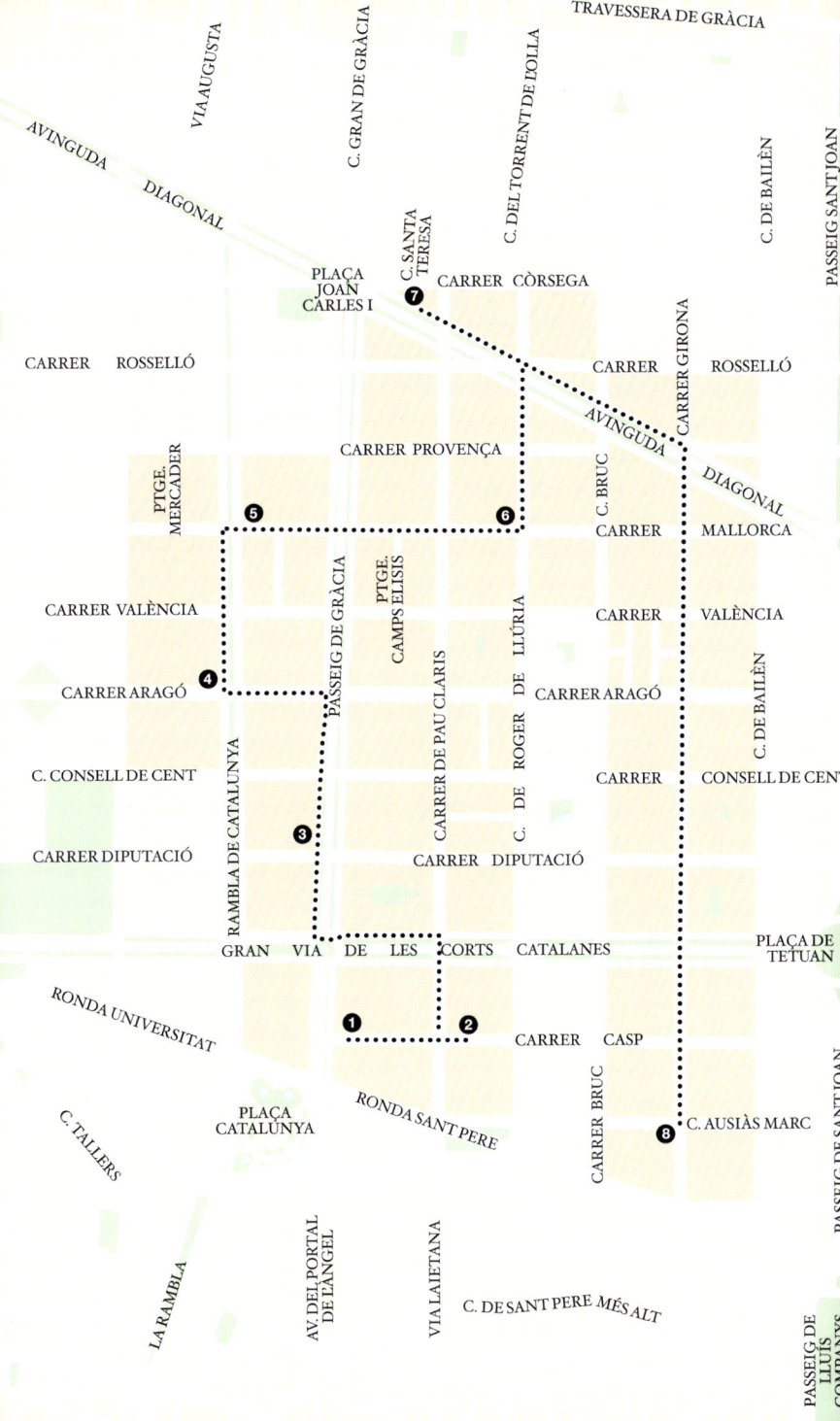

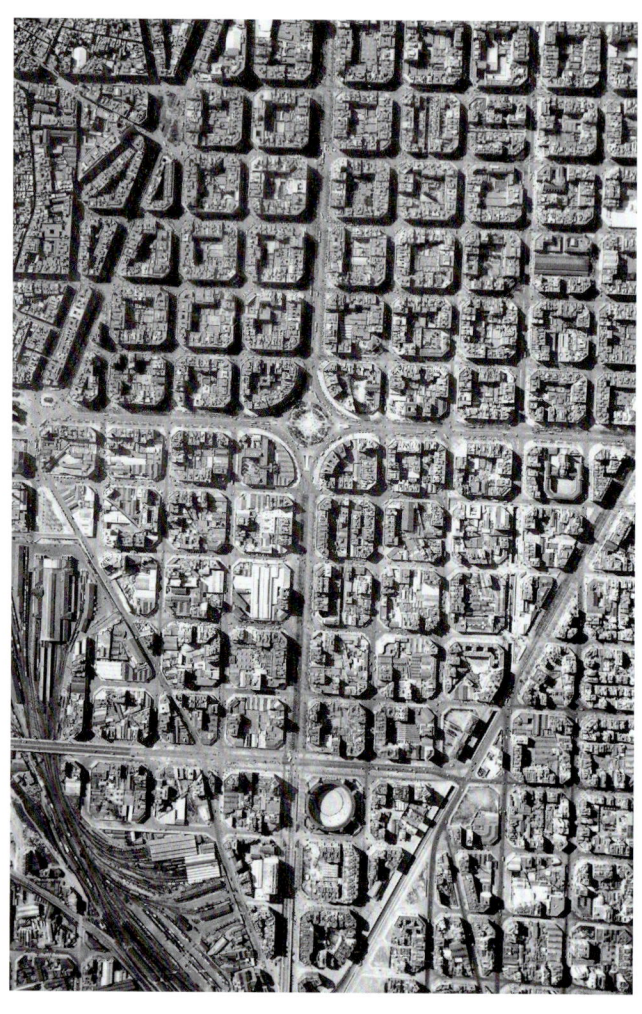

Luftaufnahme des Ensanche-Viertels

Nach dem Abbruch der mittelalterlichen Stadtmauern Mitte des 19. Jahrhunderts konnte sich das
moderne Barcelona endlich ausdehnen, und zwar dank
dem Projekt des rationalistischen Ingenieurs und Städte-
planers Ildefons Cerdà, der das Ensanche-Viertel gemäß
einem geometrischen Raster entwarf, mit abgeschräg-
ten Straßenecken zum Ein- und Ausladen, breiten Fahr-
bahnen und Gehwegen, deren Weite den Blick auf die
Jugendstilhäuser erlaubte. Während der Paseo de Gracia
die Trennungslinie zwischen linkem und rechtem Teil
bildet, wird das Ensanche im Norden durch die Diagonal,
die Calle Córcega und die San Antonio María Claret, im
Westen durch die Avenida Josep Tarradellas und die
Calle Tarragona, im Süden durch den Paralelo, die Ronda
San Antonio sowie die Plaza Cataluña und im Osten
durch die Avenida Meridiana, die Plaza de las Glorias
Catalanas und die Calle Dos de Mayo begrenzt.

Route 1
Plaza de Cataluña, Hotel Colón

Wenn es in Barcelona einen sich ständig verändernden öffentlichen Raum gibt, so ist es die Plaza de Cataluña. In den Jahren von Ruiz Zafóns Romanen war sie noch eine Kreuzung aus Wegen und geplanten städtebaulichen Vorhaben. Unter ihren prächtigen Häusern stach das Hotel Colón hervor, das immer Gäste von Rang und Namen und Gesprächsrunden von intellektuellem und gesellschaftlichem Glanz beherbergte, ein perfekter Rahmen für glamouröse Spione im Ersten Weltkrieg und kosmopolitische Besucher der 1929er-Weltausstellung. Wie der Journalist Josep Maria Planes in *Nits de Barcelona* (Barcelonesische Nächte) schreibt, brachte man einen eben in der Stadt Angekommenen am besten ins Hotel Colón, wenn er sich einem angenehmen, lustvollen Leben hingeben wollte.

Die Sängerin Ewa Irinowa erinnert sich, wie sie Michail Kolwenik kennenlernte. Mit wenig mehr als zwanzig Jahren war sie in Begleitung ihrer Truppe in die Stadt gekommen. Jeden Abend besuchte ein distinguierter Herr ihre Vorstellung. Die beiden freundeten sich an und verlobten sich. Michail verpflichtete einen der besten Architekten, um sich eine Villa beim Park Güell errichten zu lassen. Während der Bauarbeiten belegte das Paar eine ganze Etage des Hotels Colón auf der Plaza de Cataluña: »Die Juweliere Bagués suchten mich in meinen Gemächern auf. Die besten Couturiers nahmen mir Maß, um mir eine kaiserliche Garderobe zu schneidern. (…) Leute, die ich noch nie gesehen hatte, grüßten mich ehrerbietig auf der Straße oder in der Hotellounge.«

Auch in *Der Schatten des Windes* erscheint das Colón, und zwar im Zusammenhang mit dem Financier Jausà, der in Kuba und Puerto Rico ein Vermögen angehäuft hat und 1899 die Nebelburg erbauen lässt, das Haus, in dem Jahre später die Aldayas wohnen. Während des Baus des Hauses in der Avenida del Tibidabo bewohnt Jausà mit seiner amerikanischen Frau und einem farbigen Dienstmädchen mehrere Zimmer des luxuriösen Colón.

Das Hotel, ein perfekter Schauplatz für Eheintrigen, spielt auch in Pedro Vidals Fortsetzungsroman *Mord im Liceo-Verein* eine Rolle. In *Das Spiel des Engels* denkt sich der aristokratische Schriftsteller ein Verbrechen aus Leidenschaft in der Hochzeitssuite des Colón aus, bei dem auch eine Spionin des Zaren beteiligt ist. Vidal, ein Liebhaber der Hertz-Wellen, hat sich im Turm der Villa Helius ein Studio für sein Radio eingerichtet, »ein Gerät von der Größe eines kleinen Meteoriten, das er Monate zuvor gekauft hatte, als die ersten Sendungen von Radio Barcelona aus den Studios unter der Kuppel des Hotels Colón angekündigt wurden«. Obwohl die Romanhandlung einige Jahre früher spielt, wurde die erste Radiosendung Spaniens 1924 tatsächlich aus der Kuppel des Colón ausgestrahlt und stammte vom Sender EAJ-1 von Radio Barcelona. Im Jahr 1936 letzter Zufluchtsort für die aufständischen Militärs und während der Gewalttaten vom Mai 1937 Sitz der PSUC (der Kommunistischen Partei Kataloniens), wurde das Colón im Bürgerkrieg ernsthaft beschädigt. Die Landschaft der Plaza de Cataluña erlebte ihre x-te Metamorphose. Das Colón verschwand, und an seiner Stelle wurde das Gebäude des Banco Español de Crédito errichtet, inzwischen wieder ein Luxushotel.

Gegenüber dem Colón, auf der anderen Seite des Platzes, wurde 1924 in der Nr. 17 die Buchhandlung Catalonia eröffnet, die in den dreißiger Jahren in die Ronda de San Pedro umzog, während auf ihrem Grundstück der Banco de España gebaut wurde. Gegründet von Antoni López Llausàs, war die Catalonia eine innovative Kraft auf dem Buchmarkt und publizierte Zeitschriften wie *D'Ací i d'Allà* und *Imatges*, repräsentative Romane der zwanziger Jahre sowie das katalanische Wörterbuch Fabra. In ihrem Schaufenster sieht David Martín verdutzt die große Anzahl Exemplare von *Das Aschenhaus*, dem Roman Pedro Vidals, den er auf gesellschaftlichem, amourösem und literarischem Gebiet als Usurpator betrachtet. Empört stellt er fest, mit welchem Erfolg Vidal eine Geschichte platziert hat, die von ihm selbst stammt: »Ich ging hinein und verlangte ein Exemplar. An einer zufällig aufgeschlagenen Stelle begann ich einige Passagen zu lesen, die ich auswendig wusste, da ich vor wenigen Monaten noch daran gefeilt hatte. Im ganzen Buch fand ich kein einziges Wort, das nicht von mir stammte, mit Ausnahme der Widmung: ›*Für Cristina Sagnier, ohne deren Hilfe …*‹«

Eine weitere historische Adresse auf der Plaza de Cataluña ist die Nr. 22, die die Maison Dorée beherbergte, ein vornehmes Restaurant des Barcelona jener Jahre. 1905 wurde es von August Font i Carreras für die französischen Gebrüder Pompidor gestaltet, die das Ambiente der Pariser Cafés und die Tradition des *five o'clock tea* einführten. 1918 erwarb die Banca Arnús das Haus und

Restaurant La Maison Dorée

ließ es schließlich abreißen, um hier ihren Hauptsitz zu errichten (übernommen vom Banco Central, heute Sitz eines Ablegers des Warenhauses El Corte Inglés).

In eine dämmerige Maison Dorée lädt Pedro Vidal David Martín zum Mittagessen ein: »Er erwartete mich am besten Tisch des Saales, mit einem Weißweinglas spielend und dem Pianisten lauschend, der mit Samtfingern ein Stück von Enrique Granados liebkoste.«

In diesem Restaurant wird der gesellschaftliche Unterschied zwischen Vidal und Martín besonders deutlich. Der Aristokrat vertraut ihm an, dass Martíns Vater seinetwegen gestorben sei und dass er Cristina heiraten werde. Die Gefühlswelt des jungen Mannes bricht zusammen. Als der Kellner mit einem »*Bon appétit*« die Vorspeisen auf den Tisch stellt, steht David auf und geht. Auf den Ramblas bleibt er vor dem Schaufenster des Juweliers Bagués an der Ecke zur Calle del Carmen stehen,

Redaktion der Zeitung La Vanguardia *in der Calle Pelayo*

»als wollte ich die rubingespickten Goldmedaillons in Form von Feen und Blumen studieren«. Liebeskrank geht er zur Stoffhandlung El Indio, wo seine Mutter arbeitet.

La Vanguardia

Von der Plaza de Cataluña und vom Kopfende der Ramblas aus gelangt man in die Calle Pelayo, die bis zur Plaza Universidad führt. In der Nr. 28 befand sich einmal der Sitz *der* Barceloneser Tageszeitung *La Vanguardia.* Das Blatt wurde 1881 von den aus Igualada stammenden Carlos und Bartolomé Godó gegründet und ist die lebende Geschichte der Stadt. Die 1903 von Josep Majó Robas entworfene, sanft modernistische Fassade besteht noch, aber das Haus beherbergt nicht mehr die Zeitungsredaktion, sondern das Hotel Catalonia Ramblas. Wir vermissen die

Drehtür aus edlem Holz, die Zutritt zur Chronik der Tage zu gewähren schien, aber es bleibt uns nur die Literatur.

David Martín sucht diese Zeitung auf, zu der man vorne durch die Calle Pelayo und auf der hinteren Seite durch die Calle Tallers gelangt. In Begleitung seines Chefs, Don Basilio, wird er in die Archive hinabsteigen, »in ein Kellergelass des Gebäudes, einen Stock tiefer als die große Rotationsmaschine, eine postviktorianische Ausgeburt der Technik, die aussah wie die Kreuzung zwischen einer gigantischen Dampflokomotive und einem Blitzerzeugungsaggregat«. Die *Vanguardia*-Archive, mittlerweile an ihrem neuen Sitz in der Diagonal digitalisiert, bestand aus »zahllosen Gängen mit jeweils drei Meter hohen Regalen«. In diesen Konvoluten sucht David die Meldung vom Tod des Anwalts Marlasca im November 1904. Zwischen Todesanzeigen und Nachrichten aus der Zeit stößt er auf den Namen des Mannes, der

Bahn der Generalitat (Ferrocarriles Catalanes) in der Calle Pelayo

diese undurchsichtige Geschichte recherchierte: Ricardo Salvador. Glücklich über die Information, geht er in die Calle Tallers und kauft in einem nahen Tabakladen zwei erlesene Havannas als Belohnung für jene Wohltäter, denen er die neue Erkenntnis verdankt: »Der Herr Graf möge es Ihnen vergelten«, sagt er ironisch zu ihnen.

Gegenüber dem alten Sitz von *La Vanguardia*, wo sich die Calle Pelayo und die Balmes treffen, befindet sich der Eingang zu den Ferrocarriles Catalanes – heute »de la Generalitat« –, mit denen David immer nach Sarriá hinauffährt. In der Zeit von *Das Spiel des Engels* fährt der Zug noch oberirdisch. David setzt sich vorn in den Wagen, »um die Stadt und die Straßen zu betrachten, die umso breiter und herrschaftlicher wurden, je weiter wir uns vom Zentrum entfernten«.

Plaza Universidad

Wenige Schritte von der Pelayo entfernt liegt die Plaza Universidad, die ihren Namen von der Institution hat, welche der Architekt Elías Rogent in neumittelalterlichem Stil entwarf. In *Der Schatten des Windes* liefert Daniel Sempere Javier Velázquez, Professor der philosophischen Fakultät, eine Bestellung. Dessen Büro liegt im zweiten Stock, »zuhinterst in einem Flur mit Schachbrettfliesen, der zum südlichen Kreuzgang hinausführte«. Der Dozent steht im Ruf eines Schürzenjägers und Verführers gutaussehender Studentinnen und unterrichtet auch Bea.

In den fünfziger Jahren tauscht sich hier eine durch die trostlose Nachkriegszeit bedrückte Generation in leisen Gesprächen aus und zitiert nicht selten aus Carmen Laforets Roman *Nada* – Nichts. Der Lichthof, der Teich mit seinen Seerosen und den roten Fischen bewahren dieses Ambiente. Auch im wunderschönen botanischen Garten im hinteren Teil der Uni mit seinen Schmiedeeisenbänken, die zur Lektüre laden, können wir uns erlebte oder auch nur geträumte Begegnungen in Erinnerung rufen – eine Insel des Friedens mit Katzen auf Samtpfoten zwischen der Gran Vía, der Calle Aribau und der Diputación.

Bea hat sich hier an einem kalten Nachmittag mit Daniel verabredet. Nach einem Treffen mit Nuria Monfort auf der melancholischen Plaza de San Felipe Neri gelangt er durch den »engen, im Dämmerlicht liegenden Stollen« der Calle Tallers lebhaften Schrittes zur Plaza Universidad. Vor seinen Augen erscheint die Uni »wie ein in der Nacht gestrandetes ockerfarbenes Schiff«. Er betritt das Gelände und sieht den Pförtner *El Mundo Deportivo* lesen. Es sind kaum noch Studenten da, und in diesen gotischen Gängen und Galerien, die die Jahrhunderte von Petrarca und Garciloso heraufbeschwören, herrscht Stille. »Das Echo meiner Schritte begleitete mich durch die Gänge und Galerien, die zum Kreuzgang führten, wo das Halbdunkel von zwei verschämten gelblichen Leuchten kaum beeinträchtigt wurde.«

Daniel weiß nicht, warum ihn Bea gerade hierher gebeten hat: »Die Blätter der Orangenbäume im Kreuzgang glänzten auf, und das Rauschen des Brunnens schlängelte sich zwischen den Bogen hindurch.« Im Hof wird er sich mit dem jungen Mädchen unterhalten. Sie werden über sich, ihre Missverständnisse, über Julián Carax sprechen. Die Wahlverwandtschaften besorgen den Rest: »Wir verließen die Universität unter einem blauschwarz gefleckten Himmel und spazierten ohne bestimmte Richtung dahin, eher um uns gegenseitig an unseren Schritt zu gewöhnen, als um irgendwohin zu gelangen.«

Der Hutladen Fortuny

Wir verlassen die Universität und überqueren die Gran Vía und die Plaza Universidad in Richtung Ronda de San Antonio. Der Trikotagen- und Dessousladen La Torre an der Ecke ist in *Der Schatten des Windes* der Hutladen von Señor Antoni Fortuny, Julián Carax' Vater.

Der Laden, den Daniel Sempere aufsucht, »moderte im Erdgeschoss eines schmalen, rußgeschwärzten, elend aussehenden Hauses in der Ronda de San Antonio neben der Plaza de Goya vor sich hin. Noch waren die auf die verschmutzte Schaufensterscheibe gravierten Buchstaben zu lesen, und an der Fassade bewegte sich im Wind ein Schild in Form einer Melone, das maßgeschneiderte Modelle und die letzten Neuheiten aus Paris verhieß.« La Torre hat zwei Eingänge, Nr. 63 in der Ronda de San Antonio und Nr. 4 auf der Plaza Universidad. Die granatroten Fenster- und Türrahmen mit dem geätzten Glas scheinen die Aura einer anderen Zeit zu bewahren, ein-

Rechte Seite: Dessousladen La Torre (Ronda de San Antonio 63)

zig dass wir an der Stelle von Hüten Unterhemden, Bodys, Unterhosen und Strümpfe sehen. Die nüchtern neoklassizistische Fassade wurde restauriert und zeigt nichts mehr von dem Verfall, den der Roman schildert.

Mit der Portiersfrau geht Daniel in Fortunys ehemalige Wohnung. Neben dem Sessel, in dem der Hutmacher einsam starb, findet er eine Schachtel mit Schwarzweißfotos von Fortuny und Sophie Carax. Hier hatte der Hutmacher die Frau verschmäht, die einen Sohn geboren hatte, der nicht von seinem Blut war. Er beachtete Sophie nicht mehr und las bis weit in die Nacht hinein in der Heiligen Schrift. In dieser Wohnung hatte Julián zeichnen und Klavier spielen gelernt, dank dem Unterricht dieser Mutter, die eine geheime Liebschaft mit dem Aristokraten Ricardo Aldaya unterhalten hatte. In dieser Wohnung verbarg sich Julián Carax in den Revolutionstagen 1936, und hier traf er sich mit Nuria Monfort und ihrem Mann Miquel Moliner, dem Journalisten des *Diario de Barcelona*, der Julián die Möglichkeit eines Identitätswechsels anbietet, damit er sein Leben retten kann und der böse Fumero ihn nicht findet.

Daniels Nachforschungen führen ihn in Juliáns mit Kruzifixen angefülltes Zimmer. Auf dem Schreibtisch liegt ein Stapel Hefte, liegen Bleistifte und Federn und das Bild eines jungen Mädchens im prachtvollen Garten der Villa El Frare Blanc, Der weiße Mönch, in der Avenida del Tibidabo. »In Liebe, Penélope« lautet die Widmung.

Route 2
Café Novedades / Tivoli-Theater / Kino Fémina

Von der Plaza Cataluña aus können wir auch eine andere Route wählen. Im Café Novedades in der Calle Caspe 1 (Ecke Paseo de Gracia) gab es zu anderen Zeiten Billard, Tanz, Kaffee und Filme. Heute findet sich hier nur ein nichtssagendes Bürohaus. Damit Fermín Romero de Torres an den Sonntagnachmittagen nicht allein ist, laden ihn Daniel Sempere und sein Vater in *Der Schatten des Windes* immer zum Imbiss ins Novedades ein.

Das große Foyer des Tivoli-Theaters genau gegenüber ist nicht zu übersehen. In einem Winkel dieses schönen, luxuriösen, 1919 mit dem Kapital, das sich dank Spaniens Neutralität im Ersten Weltkrieg angesammelt hatte, errichteten Gebäudes hat Anwalt Brians seine Kanzlei. Jung, etwas bohemienhaft, hat er David Martíns Verteidigung übernommen. Seine nach Salzcrackers und Kaffee riechende Kanzlei, zugleich seine Wohnung, befindet sich »in einem elenden Dachloch am Ende eines Gangs ohne Licht im selben Haus, das auch das große Tivoli-Theater beherbergte«. Dort sucht ihn Fermín auf, um sich zu erkundigen, wie es um den Fall steht, und konstatiert, dass Brians keineswegs der konventionellen Vorstellung eines Anwalts entspricht. Seit der Übernahme von Martíns Verteidigung geht es ihm nicht gut – er wurde aus einer renommierten Kanzlei auf dem Paseo de Gracia geschmissen und verlor dabei seine besten Klienten: »Die wenigen, die mit mir gekommen sind, sind die, die keinen Cent für mein Honorar haben.«

Ebenfalls in der Calle Caspe finden wir nach dem Überqueren der Calle Pau Claris linker Hand den strengen Block des Jesuitenkollegs, einer Erziehungsanstalt, in deren Klassenzimmern die Sprösslinge des Barceloneser Bürgertums unterrichtet wurden. Dort lernt Daniel Sempere, und dort lernt er bei einer typischen Schülerschlägerei auch Beas Bruder Tomás kennen.

Kehren wir zu Sempere und Romero de Torres zurück: Sie gehen den Paseo de Gracia hinauf bis zum Kino Fémina in der Nr. 23, an der Ecke zur Calle Diputación. »Einer der Platzanweiser war mit meinem Vater befreundet und ließ uns während der Filmwochenschau durch den Notausgang ins Parterre hinein«, erinnert sich Daniel. 1991 brannte das Fémina nieder; der Brand führte wie bei anderen Kinosälen zu seinem Verschwinden und zur Umnutzung des Gebäudes. Heute ist es ein Wohnblock, und im Erdgeschoss befindet sich die italienische Modeboutique Max Mara.

Gehen wir durch die Calle Diputación weiter, so gelangen wir zur Rambla de Cataluña. In einer leeren Wohnung in diesem Abschnitt bürgerlicher Bauten treffen sich während sechsundneunzig Tagen Ricardo Aldaya und Sophie Carax heimlich jeden Dienstag und Donnerstag um drei Uhr nachmittags.

Weiter oben in der Rambla de Cataluña, an der Ecke zur Calle Aragón, befindet sich das Feinkostgeschäft Quílez, 1908 von der Familie Vilaseca gegründet, ein für die Fülle seiner Produkte berühmter Laden, den David Martín mit dem Lebensmittelgeschäft von Isabellas Eltern in der Calle Mirallers vergleicht. Ein anderes traditionsreiches Etablissement in der Rambla de Cataluña ist der Laden La Perla Gris mit erlesener Damenwäsche, der sich in der Vorhalle zum Kino Alexandra befindet und wo die rothaarige Bea Seidenstrümpfe kauft.

Und wenn wir durch den Pasaje de la Concepción gehen, können wir uns an der Ecke zum Paseo de Gracia der Schaufenster von Santa Eulalia erfreuen, einer der ältesten Modeboutiquen Barcelonas. 1843 auf der Plaza de la Boquería eröffnet, übersiedelte sie in den vierziger Jahren in die Nr. 60 und 93 des Paseo de Gracia. In diesen luxuriösen Räumen mit ihren Ganzkörperspiegeln bewegt sich 1957 die Bernarda. In Beas Begleitung wird Gustavo Barcelós Dienstmädchen das Hochzeitskleid auf den Leib geschneidert: »Zu ihren Füßen steckten zwei Modistinnen mit Dutzenden Nadeln das Brautkleid ab, aufmerksam beobachtet von Bea, die die Bernarda umkreiste und jede Falte und jede Naht inspizierte, als gehe es um ihr Leben. Die Bernarda, die Arme zum Kreuz gebreitet, traute sich kaum zu atmen, aber ihr Blick war gefangen von den verschiedenen Perspektiven, in denen sie in diesem sechseckigen Spiegelraum ihre Figur nach Anzeichen eines Bauches absuchte.«

Intrigenregister

Wieder auf dem Paseo de Gracia, können wir durch die Calle Consejo de Ciento Richtung Vía Layetana bis zum ehemaligen Grundbuchamt in der Nr. 334 gehen (heute ein Haus von Núñez y Navarro). Dort will in *Das Spiel des Engels* David Martín der Geschichte des Hauses in der Calle Flassaders 30 nachspüren.

Wie Josep Pla sagte, wird die wirkliche Geschichte einer Gesellschaft in den Notariatsregistern geschrieben. Als Journalist und Autor von Kriminalromanen weiß auch David, dass jede Kriminal-, Wirtschafts- oder Liebesgeschichte »mit dem Geruch nach Geld und Immobilienurkunden beginnt und aufhört«. Im Grundbuchamt forscht er in den dicken Bänden, die »fast ebenso viele Wahrheiten über die Realia des Lebens wie in den gesammelten Werken der vortrefflichsten Philosophen, wenn nicht sogar mehr« enthalten. In sukzessiven notariell beurkundeten Transaktionen erscheint der Name von Anwalt Marlasca und einem weiteren Winkeladvokaten, einem gewissen S. Valera.

Die Anwaltskammer

Die nächste Station für David Martíns Nachforschungen ist die angesehene Anwaltskammer in der Calle Mallorca 283, zwischen Pau Claris und Lauria, ein echter Palast mitten im Ensanche, mit orientalischen Brunnen, Blumenbeeten und einem aristokratischen Eingang: »Über die breite Treppe, die ich unter Kristalllüstern hinanstieg, wachte eine Art Justitia-Statue, deren Büste und Aussehen einer der Heroinen vom Paralelo ähnelten.«

Von einem »mausartigen Männchen mit freundlichem Lächeln« lässt Martín nach Valeras vollständiger Identität suchen: »Mit leisem Gemurmel verlor sich das Männchen

Eingangshalle der Anwaltskammer (Calle Mallorca 283)

in einem Labyrinth von Aktenschränken. Auf den Emp-
fangstisch gestützt, musterte ich während des Wartens
die Einrichtung, die von dem erdrückenden Gewicht des
Gesetzes zu künden schien.«

193

Kanzlei des Anwalts Valera

Wir bleiben bei *Das Spiel des Engels* und David Martín. Valeras Vorname lautet Sebastián, und er hat eine Kanzlei in der Diagonal 442, im Dachgeschoss »eines ausgefallenen modernistischen Hauses« in der Nähe des Paseo de Gracia. Wie der Erzähler beobachtet, sah »das Gebäude aus wie eine Kreuzung zwischen einer gigantischen Standuhr und einem Piratenschiff und hatte hohe Fenster und ein Dach mit grünen Mansarden. Überall sonst auf der Welt wäre dieser barock-byzantinische Bau zum Weltwunder oder zum teuflischen Machwerk eines verrückten, von jenseitigen Geistern besessenen Künstlers erklärt worden. In Barcelona jedoch, wo an jeder Ecke des Ensanche-Viertels derartige Gebäude wie Pilze aus dem Boden schossen, war es kaum ein Wimpernzucken wert.«

Das von David Martín so ironisch beschriebene Haus ist die Casa Comalat im Scheitelpunkt von Diagonal und Calle Córcega. 1906 entworfen, wurde sie zwischen 1909 und 1911 vom Architekten Salvador Valeri i Pupurull erbaut, als sich die modernistische Phase schon ihrem Ende zuneigte. Dieser Umstand mag gewisse dekorative »Exzesse« und einen gaudíhaften Manierismus bei den Balkonen à la Casa Batlló erklären, ebenso die Fülle von Schmiedeeisen an den Balkongeländern oder den phantasievollen grünlichen Turm in Form einer Harlekinsmütze.

Das Haus hat zwei Eingänge. Die hintere Seite in der Calle Córcega ist mit schöner Keramikmalerei verziert und bietet eine Cocktailbar im Erdgeschoss, wo zwischen zwei Schlucken Bloody Mary gut Intrigengeschichten lesen ist. Wenn wir Valera nicht finden, so können wir ihn

Casa Comalat

zusammen mit David Martín bei ihm zu Hause aufsuchen. Durch die Calle Girona hinunter gelangen wir zum Quadrat d'Or, dem Kronjuwel des Barceloneser Ensanche.

Das Haus des Anwalts Valera

An der Ecke der Calle Girona und Ausiàs March wohnt Anwalt Valera. David erscheint das Haus als Palast, in dessen Steinen »das Blut und der Atem ganzer Generationen von Barcelonesen« stecken.

195

Das fragliche Haus könnte die heutige Nr. 28 der Calle Ausiàs March sein mit dem Spitzdach nach Art der Casa de les Punxes: »Unter seinem aufmerksamen Blick stieg ich langsam die breite Treppe hinauf. Der Absatz im ersten Stock war geräumiger als die meisten Wohnungen, die ich aus meiner Kindheit im nur wenige Meter von hier entfernten Ribera-Viertel in Erinnerung hatte. Der Türklopfer war eine Bronzefaust.«

Gegenüber Valeras Romanhaus befinden sich alte Geschäfte wie der Lebensmittelladen Serra und die modernistische Apotheke Nordbeck in der Ausiàs March 31. An der anderen Ecke beherbergt ein weiteres großes, aber nüchterneres, konventionelleres Haus die Verwaltungshochschule der Generalitat de Catalunya.

Hotel Ritz

Von einer Ecke der Calle Ausiàs March aus gehen wir die Calle Roger de Llúria hinauf, bis wir an der Kreuzung zur Gran Vía rechter Hand auf das Hotel Ritz stoßen, das heute Palace Barcelona heißt. 1919 als Luxushotel erbaut, das unter anderem von Königin Viktoria Eugenia und König Alfons XIII. beehrt und zum Treffpunkt illustrer Besucher wurde, hat es in seinen Räumen so unterschiedliche Persönlichkeiten beherbergt wie den düsteren SS-Gründer Heinrich Himmler (der hier 1940 eine Brieftasche mit mysteriösem Inhalt verlor) oder den amüsanten Orchesterleiter Xavier Cugat, der im Ritz seine Dauerresidenz hatte, wo er in Gesellschaft seiner Chihuahua-

Hunde Karikaturen anfertigte. Im luxuriösen Grillroom spielte Anfang der vierziger Jahre Bernard Hilda mit seinem Orchester in einem offiziell prodeutschen Barcelona sowohl Tanzmelodien wie probritische Losungen. Und jeden 6. Januar ist das Ritz Schauplatz der Verleihung des angesehenen Literaturpreises Eugenio Nadal.

In diesem Ritz, das hochbedeutende Ereignisse genauso kennt wie politische Intrigen, hat Daniel 1957 einen Zusammenstoß mit einem gewissen Pablo Cascos Buendía. Beas ehemaliger Verlobter hat ihr einen Brief geschrieben, um sich mit ihr in einem Hotelzimmer zu treffen. Aber nicht Bea erscheint, sondern Daniel. Denn Cascos Buendía ist nicht nur Beas Verflossener, sondern er arbeitet auch in einem Mauricio Valls gehörenden Verlag.

Als er das Ritz betritt, wird Daniel vom Empfangschef mit einer leichten Verneigung empfangen und fühlt sich verwirrt durch die »Halle mit ihrer Spionagethriller- und Liebesromanzenatmosphäre«. Die Besessenheit, seinen Gegenspieler aufzuspüren, und die Angst, ihn in Beas Gesellschaft anzutreffen, lassen ihn in allen Winkeln des Hotels schnüffeln. Angesichts der Weigerung des Oberkellners, ihm ohne Reservierung Zutritt zum Speiserestaurant zu gewähren, steuert Daniel direkt auf den Aufzug zu. Nachdem er im siebten Stock ausgestiegen ist, streift er »durch breite, menschenleere Korridore« auf der Suche nach der Suite Continentale, wo sein Feind logiert. Als er die Suite schließlich findet und Cascos Buendía die Tür öffnet, landet Daniel einen Joe Louis' würdigen Kinnhaken: »Ich hörte Cascos zu Boden plumpsen. Das Bett war gemacht, und auf dem Tisch vor der Terrasse mit Blick auf die Gran Vía stand ein dampfender Teller.«

Obwohl ich kaum einen Häuserblock von der Sagrada Familia entfernt aufgewachsen bin, spielte sich meine Kindheit und frühe Jugend zu einem guten Teil in der anderen Ecke der Stadt ab, in den Straßen von Sarriá und denen dieses anderen alten Barcelona, das von Touristen nie ganz entdeckt worden ist und das die Reiseführer nie haben einordnen können, das mich aber aus irgendeinem Grund mit jedem Tag mehr an die wirkliche Stadt erinnert als die so vielgepriesene nacholympische Fata Morgana. Ehedem eine vornehme, reiche Gegend, ein Viertel betuchter Familien, hat der hochgelegene Teil der Stadt die Dolchstöße der Ringstraßen und der Immobilienspekulation zumindest partiell überlebt und auf seiner Flucht Inseln eines herrschaftlichen Barcelona zurückgelassen, das nicht einmal die Fülle heutiger Überwachungskameras wieder einfangen kann. Wenn ich an mein Barcelona denke, sind dies die ersten Straßen, an die ich mich erinnere, und vermutlich die letzten, die ich vergessen werde.

CARLOS RUIZ ZAFÓN

Pedralbes – Sarriá –
Vallvidrera – Tibidabo

Die geheimnisvollen Villen

Blick auf das Viertel San Gervasio

»Es war schon fast dunkel, als ich von den Treppen der U-Bahnstation ins Freie trat. Die menschenleere Avenida del Tibidabo zeichnete eine endlose Flucht von Zypressen und unter einer weißen Decke begrabenen Palästen. An ihrer Haltestelle erspähte ich die blaue Straßenbahn, die Glocke des Schaffners durchschnitt den Wind.«

CARLOS RUIZ ZAFÓN, *Der Schatten des Windes*

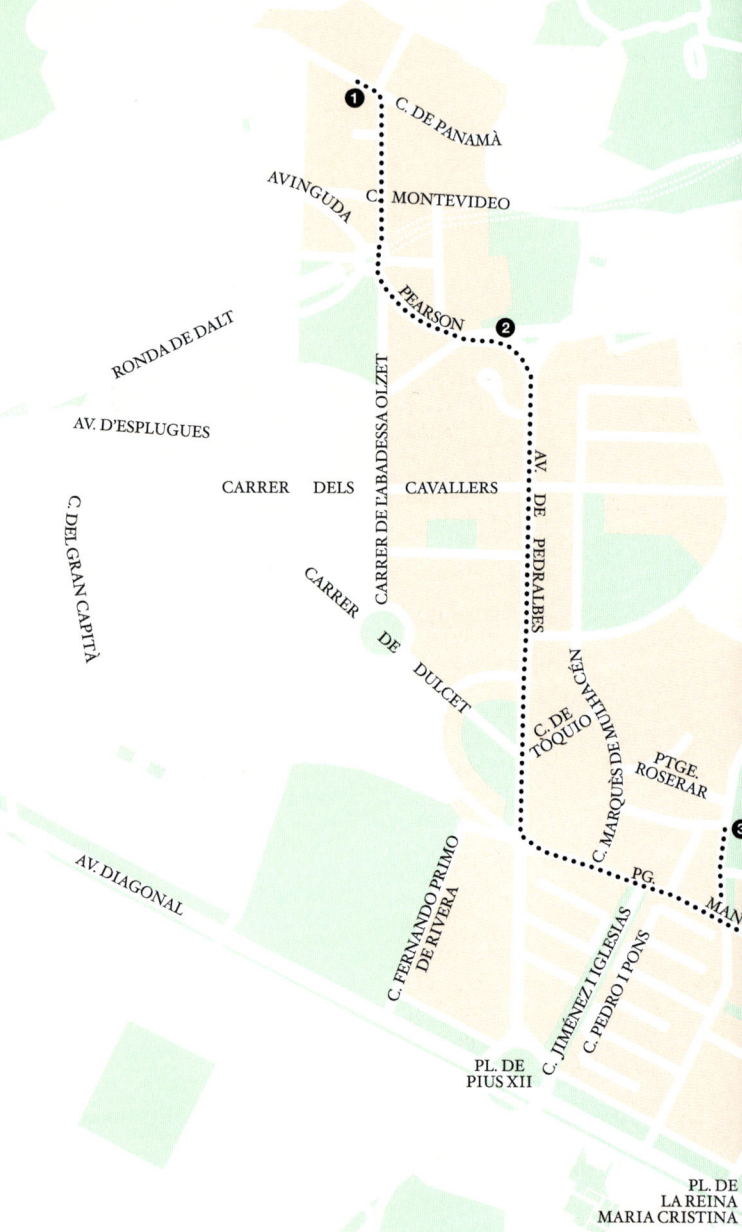

1 C. DE PANAMÀ

C. MONTEVIDEO

AVINGUDA

PEARSON

2

RONDA DE DALT

AV. D'ESPLUGUES

CARRER DELS CAVALLERS

CARRER DE L'ABADESSA OLZET

C. DEL GRAN CAPITÀ

CARRER DE DULCET

AV. DE PEDRALBES

C. DE TOQUIO

C. MARQUÈS DE MULHACÉN

PTGE. ROSERAR

3

AV. DIAGONAL

C. FERNANDO PRIMO DE RIVERA

PG.

MANU

C. JIMÉNEZ I IGLESIAS

C. PEDRO I PONS

AV. DEL DOCTOR MARAÑON

PL. DE PIUS XII

PL. DE LA REINA MARIA CRISTINA

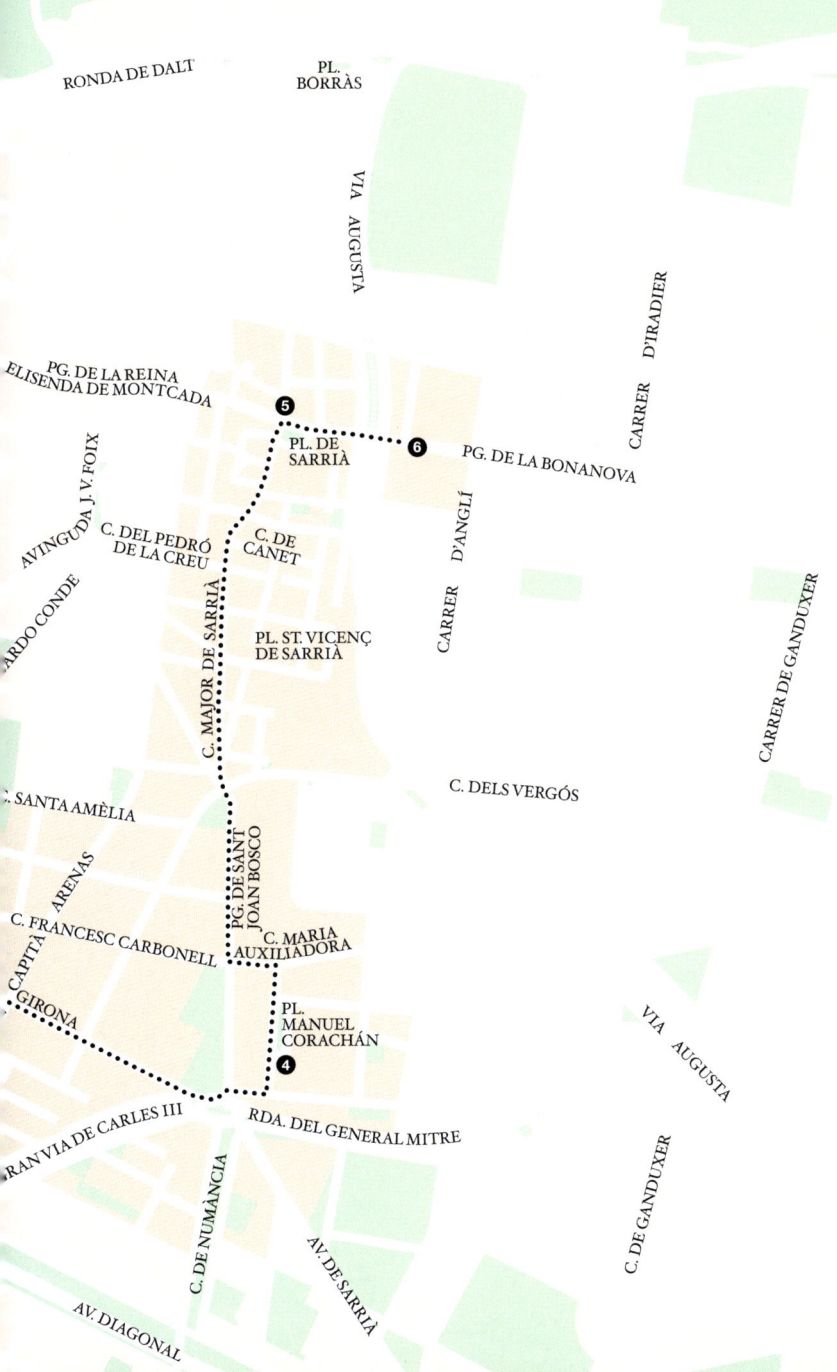

Route 1

1 Villa Helius (Avenida Pearson, Calle Abadesa
  Olzet 17 und Panamá 13)
2 Kloster Pedralbes (Avenida Pearson 2)
3 Villa Amelia (Calle Eduard Conde / Francesc
  Carbonell)
4 Klinik Corachán (Paseo de San Juan Bosco / Calle
  María Auxiliadora)
5 Konditorei Foix (Plaza de Sarriá 12)
6 Bodega Víctor (Paseo de la Bonanova 105)

Route 2

1 Jesuitenschule Sarriá (Calle Carrasco i Formiguera 32)
2 Avenida de Vallvidrera bis zum Fuß der Zahnradbahn
  (Calle del Bosc)

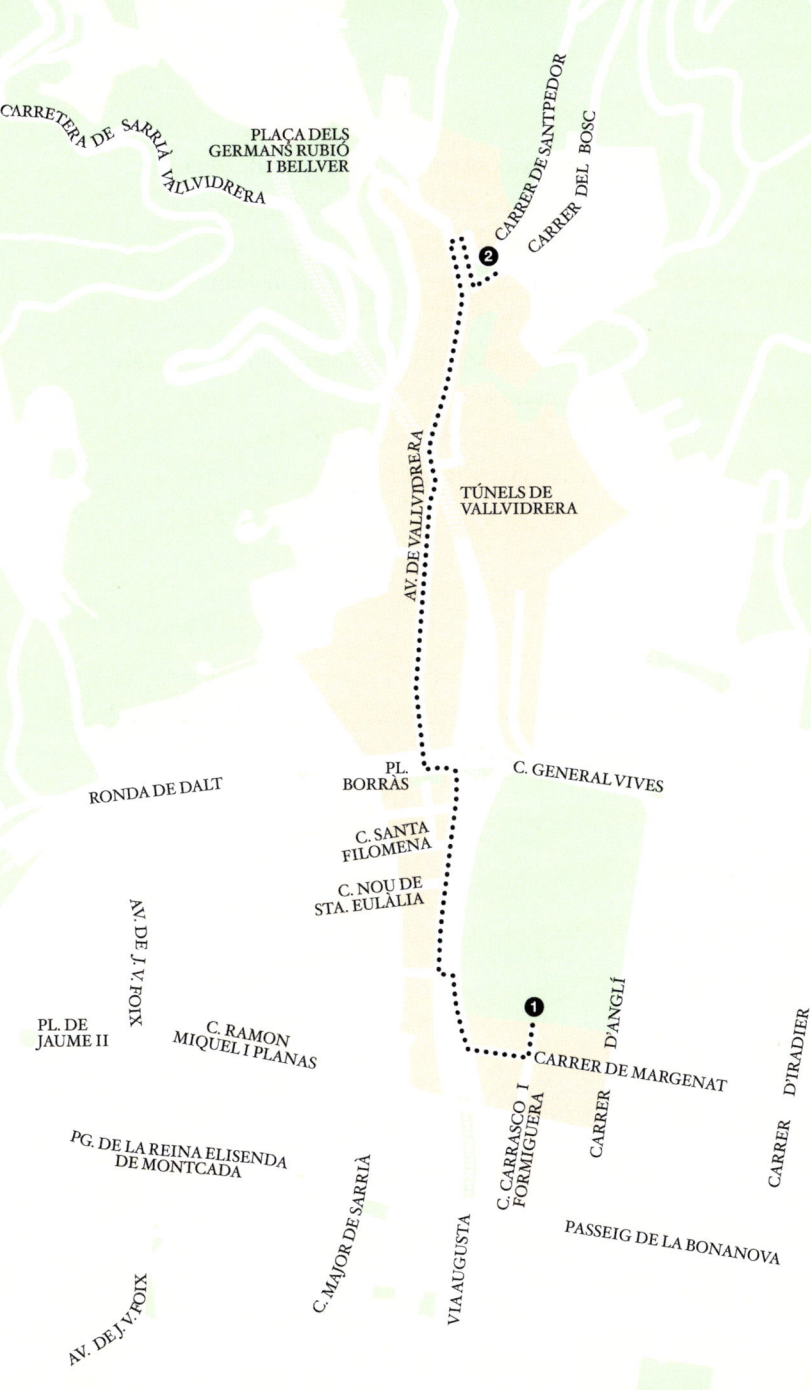

CARRETERA DE SARRIÀ VALLVIDRERA

PLAÇA DELS
GERMANS RUBIÓ
I BELLVER

CARRER DE SANTPEDOR

CARRER DEL BOSC

❷

AV. DE VALLVIDRERA

TÚNELS DE
VALLVIDRERA

RONDA DE DALT

PL. BORRÀS

C. GENERAL VIVES

C. SANTA
FILOMENA

C. NOU DE
STA. EULÀLIA

AV. DE J. V. FOIX

PL. DE
JAUME II

C. RAMON
MIQUEL I PLANAS

❶

CARRER D'ANGLÍ

CARRER DE MARGENAT

CARRER D'IRADIER

PG. DE LA REINA ELISENDA
DE MONTCADA

C. MAJOR DE SARRIÀ

VIA AUGUSTA

C. CARRASCO I FORMIGUERA

CARRER

PASSEIG DE LA BONANOVA

AV. DE J. V. FOIX

Route 3

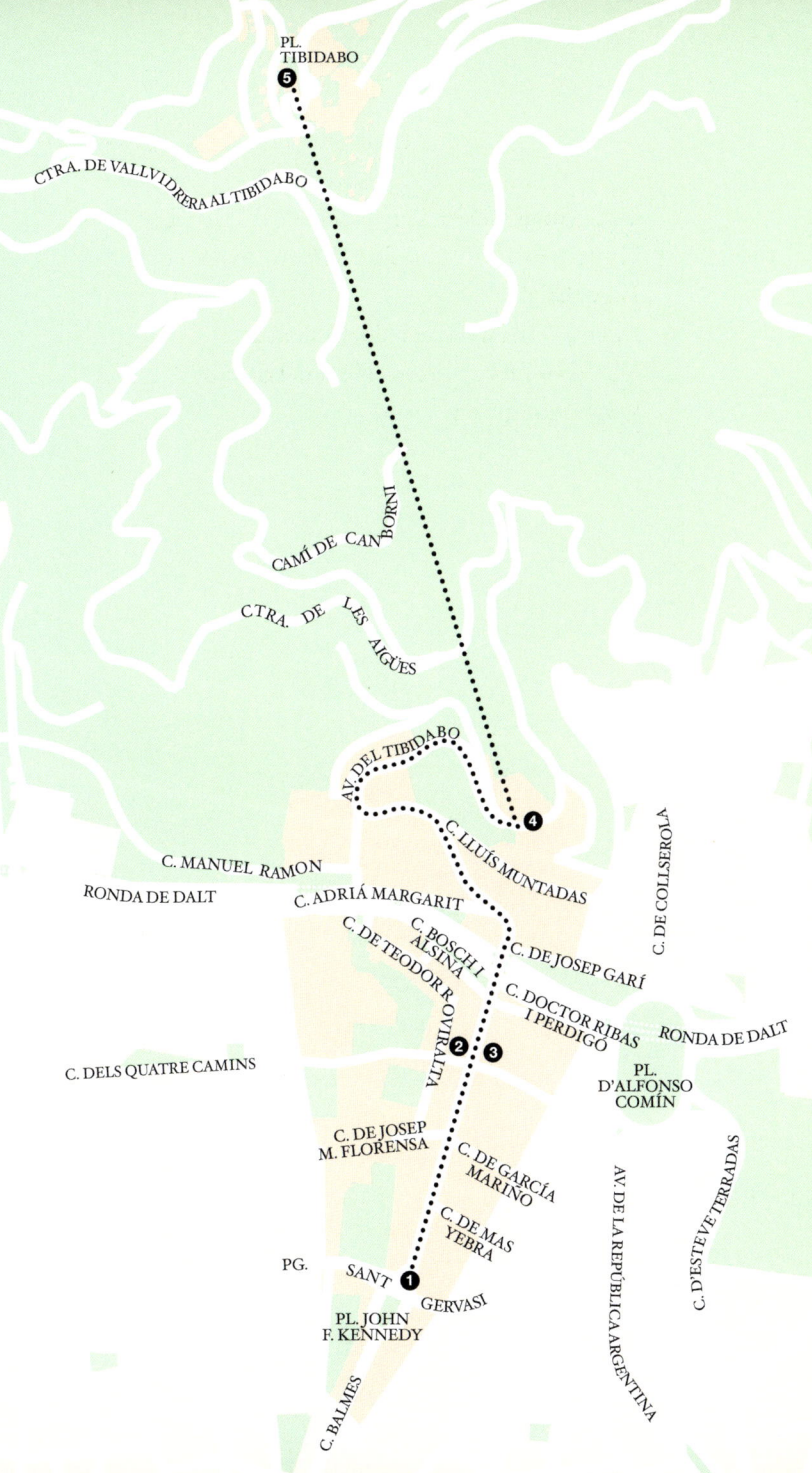

*Rundblick auf Barcelona vom Tibidabo aus mit dem
Observatorium Fabra im Vordergrund*

Der Stadtberg zu Füßen des Collserola-Parks beziehungsweise das Pedralbes, Sarriá, San Gervasio und den Tibidabo umfassende Gebiet ist aus den Eingemeindungen Ende des 19. und Anfang des 20. Jahrhunderts hervorgegangen. Sarriá mit der Avenida de Vallvidrera im Norden und Pedralbes im Westen ist der neuralgische Punkt dieser Viertel. Der Paseo de la Bonanova verbindet die Plaza de Sarriá mit dem Ende der Calle Balmes (Plaza de John F. Kennedy), deren bergwärtige Fortsetzung die Avenida del Tibidabo ist. Diese Nachbarschaften zeichnen sich durch hohe Wohnqualität und hohe Kaufkraft aus. Die Nähe zur grünen Lunge von Collserola erklärt die Vielzahl alter Villen in bürgerlichem Stil, komfortabler Apartmenthäuser, renommierter Erziehungsanstalten, Kliniken, Sportklubs und Seniorenzentren.

Route 1
Villa Helius – Avenida Pearson – Pedralbes

Seinen Schwung gewinnt *Das Spiel des Engels* in der luxuriösen modernistischen Villa Helius, die stolz an der Vereinigung der Calle Abadesa Olzet 17 und der Panamá 13 thront. Dort residiert Pedro Vidal, Abkömmling des Vidal-Clans, einer alteingesessenen Familie mit Loge im Liceo, deren wirtschaftliche und gesellschaftliche Netze sich über die ganze Stadt erstrecken. »Die Villa Helius lag passenderweise fünf Minuten vom großen väterlichen Anwesen entfernt, das den oberen Abschnitt der Avenida Pearson dominierte, ein kathedralengleicher Wirrwarr aus Balustraden, Freitreppen und Mansarden, das aus der Ferne auf ganz Barcelona hinabschaute wie ein Kind auf seine verstreuten Spielsachen.« Vidal, Sohn einer Familie, die ihr Vermögen in Südamerika und dann mit der Elektrifizierung der Stadt gemacht hatte, bewegt sich zwischen dem Himmel der Upperclass und der Journalisten-boheme und betrachtet die Welt von seinem nagelneuen Hispano-Suiza aus, an dessen Steuer sein Fahrer Manuel Sagnier sitzt, der Vater Cristinas, des jungen Mädchens, in das sich David Martín sterblich verlieben wird.

David wird die Villa Helius vermehrt aufsuchen, um Cristina zu sehen. Er wird zum Besitzer der Villa, Pedro Vidal, eine enge Beziehung knüpfen. In der Calle Pelayo besteigt er den Zug nach Sarriá, und dann setzt ihn eine Straßenbahn vor dem von Königin Elisenda de Mont-cada gegründeten Kloster Pedralbes ab, reinste Gotik des 15. Jahrhunderts. Von dort steigt er die erst teilweise be-baute Avenida Pearson empor und erblickt bald die Um-risse der Luxusvilla: »Als ich hinanstieg, sah ich Vidal in Hemdsärmeln im Fenster seines Turms sitzen und eine Zigarette schmauchen.« Bei seinen nächtlichen Besuchen, wenn er im Hispano-Suiza hingefahren wird, blendet ihn die Villa Helius, »deren sämtliche Fenster hell erleuchtet waren und das Haus in der Dämmerung in glühendes Gold hüllten«.

Die Villa Helius

1866 vom Architekten Antoni Rovira i Trias in der Avenida erbaut, deren Name den Pionier der Elektrizität in Barcelona ehrt, den Kanadier Frederick Stark Pearson, hat die Villa Helius im Lauf der Jahre mehrere Umbauten durchgemacht. Ihr endgültiges Aussehen ist ein Jahrhundert alt und stammt von Manuel Joaquim Raspall, einem der interessantesten Architekten der Gaudí-Generation. Im Inneren mittlerweile vollständig zu hochluxuriösen Wohnungen umgebaut, bewahrt das Haus seine modernistische Identität, etwa das Schmiedeeisen des Haupteingangs, den Trencadís (ein Mosaik aus bunten Kachelstücken oder Glas, eine Erfindung Gaudís), der ihr gelbliche Töne verleiht, und die Buchstaben mit den Arabesken auf der Eingangstafel.

Durch die Serpentinen der Avenida Pearson gehen wir zum Kloster Pedralbes zurück. Das Kreuz der Klosterkapelle thront über der Avenida, und den Portikus ziert das Waffenschild der Montcadas. Hier besiegeln Pedro Vidal und Cristina Sagnier den Ehebund. Verschmäht von der Frau, die er liebt, versucht sich David Martín mit der Pistole umzubringen, die ihm sein Vater hinterlassen hat. Vidal hat ihm alles genommen, was seinem Leben einmal Sinn verlieh.

Villa-Amelia-Park

Wir gehen die Avenida de Pedralbes hinunter, biegen links in die Calle Manuel Girona ein und nehmen dann wiederum linker Hand die Eduard Conde bis zum Villa-Amelia-Park, an der Grenze zwischen Pedralbes und Sarriá.

Durch den Park spazieren Óscar und Marina zu der

zum Bürgerzentrum umgebauten Villa: »Einer der ehemaligen Salons war nun eine Cafeteria. Dort setzten wir uns an einen Tisch am großen Fenster.« Draußen versuchen einige Kinder einen Drachen zum Fliegen zu bringen.

Ende der siebziger Jahre, als die Geschichte von *Marina* spielt, war der Villa-Amelia-Park eine geschlossene Einheit, aber Ende 1986 wurde er von den Architekten José Antonio Martínez Lapeña und Elías Torres zweigeteilt: in den Villa-Amelia-Park zwischen den Straßen Francesc Carbonell, Santa Amelia und Eduard Conde und den Villa-Cecilia-Park, wo ein elegantes neoklassizistisches Haus steht, von dem der *Marina*-Erzähler spricht, heute Sitz des Bürgerhauses und Bezirksarchiv. Inmitten von einstöckigen Häusern und Luxuswohnungen bilden die beiden Parks ein grünes Labyrinth von Palmen, Hecken, Zypressen und Bänken, die aussehen wie riesige Skateboards.

Wenn wir den Park bei der Calle Francesc Carbonell verlassen, gelangen wir auf den Paseo de San Juan Bosco, den wir überqueren, um an der Ecke der Salesianerschulen durch die enge Calle de María Auxiliadora zur Klinik zu kommen, die Dr. Manuel Corachán 1924 gründete. Dort erlebt oder erträumt Daniel Sempere einen 27. November 1955 mit Jenseitsanklängen: »Das Zimmer war weiß und mit Dunstschleiern und leuchtender Sonne ausgekleidet. Von meinem Fenster aus sah man ein unendliches blaues Meer. Später würde man mich davon überzeugen wollen, dass von der Corachán-Klinik aus das Meer nicht zu sehen ist, dass ihre Zimmer weder weiß noch ätherisch sind und dass das Meer in jenem November überhaupt kalt und bleiern abweisend war …«

Durch den Paseo de San Juan Bosco gelangen wir zur Plaza Artós. Ein Brunnen auf einem Steinblock von 1873 kennzeichnet den Beginn der Calle Gran de Sarriá, der Hauptader des Viertels, wo die Anwohner seit Urzeiten in Lokalen wie dem Tomás mit den Patatas Bravas (Nr. 49) und der Casa Joana mit ihrer traditionellen Küche (Nr. 59) verkehren. Die Kirche dominiert den Platz des *vell Sarriá*, des alten Sarriá.

In der großen Küche von Marinas Villa hat Óscar zum Frühstück frische Hörnchen aus der Konditorei gegessen, die der Dichter J. V. Foix führte, dort, wo der Paseo de la Bonanova in die Plaza de Sarriá mündet, wenige Meter vom modernistischen Markt entfernt. Die Konditorei Foix mit ihrer eleganten Einrichtung aus früheren Zeiten, mit ihren denkwürdigen Trüffeln und Sorbets residiert noch immer in einem Haus, das die herrschaftliche Tradition der Sonnenuhr mit Sgraffitos des Noucentisme (der katalanischen Form des Neoklassizismus) verbindet. Marinas Vater stellt ein Tablett mit den erlesenen Hörnchen von Can Foix vor Óscar hin: »Probieren Sie eins von denen, Óscar. (…) Das ist der Mercedes-Benz unter den Hörnchen. Und täuschen Sie sich nicht – was Sie hier sehen, ist keine Marmelade, sondern ein Gedicht.«

Der Kern von Sarriá bewahrt den Charakter der Kleinstadt, die es einmal war, mit seinen alten Lebensmittelläden und dem volkstümlichen Akzent der Barceloneser Handwerkerschaft. »In jenen Tagen sah das Viertel Sarriá noch wie ein kleines, an den Rändern einer modernistischen Metropolis gestrandetes Dorf aus«, erinnert sich

Linke Seite: Konditorei Foix auf der Plaza de Sarriá

Óscar. In den siebziger Jahren zog dieses Ambiente Schriftsteller wie Vargas Llosa oder García Márquez an. Sie wohnten in der Calle Osi bzw. Caponata und kauften ebenfalls in der poetischen Konditorei ein.

Óscar wird mit Marina dahin zurückkommen, und dann werden sie nach San Gervasio spazieren. In der Bonanova 105 bemerken sie die Bodega Víctor, ein Bier- und Schnapslokal mit militärischem Namen und Schild. In den Jahren des Übergangs zur Demokratie, in denen dieser Roman spielt, wurde dieses Lokal von Herrensöhnchen mit knatternden Motorrollern und Ray Bans besucht.

Die Glockenschläge der Kirche von Sarriá begleiten Óscars und Marinas letztes Silvester; die beiden jungen Leute stoßen in gedämpftem Ton an – in einem eisigen Winter, der das Abschiednehmen zu prophezeien scheint.

Route 2
Die Jesuitenschule der Bonanova

Wir dürfen nicht vergessen, dass der Protagonist von *Marina* ein fünfzehnjähriger Schüler ist, der die Internatslangeweile mit Tagträumen von Abenteuern in der Ferne bekämpft. Und die kann man erleben, wenn man seiner Phantasie die Zügel schießen lässt. Zu Óscars majestätischer Jesuitenschule Sarriá gelangt man durch die Calle Carrasco i Formiguera, eine von den Straßen, die vom Paseo de la Bonanova bergan führen. »Ihre monumentale Fassade hätte eher auf eine Burg als auf eine Lehranstalt schließen lassen. Die verwinkelte, lehmfarbene Silhouette war ein Puzzle aus Festungstürmen, Bögen und dunklen Flügeln. Die Schule stand inmitten einer Zitadelle von Gärten, Brunnen, verschlammten Teichen, Höfen und verhexten Pinienbeständen.«

Von diesem akademischen Nährboden ist auch die San-Gabriel-Schule in *Der Schatten des Windes* inspiriert, ein autobiographischer Widerhall des Autors, der in Sarriá Jesuitenschüler war. Daniel Sempere und Fermín Romero de Torres besteigen in der Rambla de Cataluña ein Taxi, um zu dieser Schule zu gelangen; während Fermín mit dem Fahrer politisiert, überqueren sie die Vía Augusta, fahren durch die Ganduxer hinauf und erreichen den Paseo de la Bonanova. Daniel erblickt die San-Gabriel-Schule: Sie »erhob sich baumumstanden am oberen Ende einer engen Straße, die sich von der Bonanova heraufschlängelte. Die mit dolchförmigen Fenstern gespickte Fassade betonte das Profil eines gotischen Palastes aus rotem Backstein und schien zwischen Bogen und Türmen zu schweben, die in kathedralähnlichen Grannen über die Wipfel der Platanen aufragten.«

Diese Schule wird in einem Atemzug mit den bedeutendsten Barceloneser Körperschaften genannt: »In ihren guten Zeiten, also mehr oder weniger zwischen 1880 und 1930, nahm die San-Gabriel-Schule die Crème de la Crème der verwöhnten Kinder aus altem Adel und mit klingender Börse auf«, darunter die Sprösslinge der Familie Aldaya. Daniel und Fermín unterhalten sich mit Pater Fernando über die Schüler jener Zeit und insbesondere über Julián Carax.

In *Marina* wandert Óscars Phantasie durch diese Landschaften, und wann immer möglich entwischt er, um wie
ein Forscher einen Erkundungsgang durch die sogenannte »Wildnis von Sarriá« zu tun: »Die meisten Herr-
schaftsvillen, die seinerzeit das Gelände nördlich des
Paseo de la Bonanova besiedelt hatten, standen noch da,
wenn auch nur als Ruinen.« In eine dieser Prachtvillen,
zwischen den Straßen Inmaculada, Iradier, Margenat,
Anglí und Pomaret, wo die Züge unter der Brücke pfeifen, setzt Óscar heimlich seinen Fuß. Ein Kater und eine
geheimnisvolle Uhr lassen ihn wiederkommen, bis er
schließlich die Bewohner kennenlernt: Marina und ihren
Vater, den Kunstmaler Germán Blau. Bei seinem zweiten
Besuch an einem frühen Samstagmorgen nähert er sich
durch die Calle Margenat, die am Tor seiner Schule vor-
beiführt: »Um mich herum erwachte Sarriá.«

Von Sarriá nach Vallvidrera

Vom Ende der Straße Gran de Sarriá können wir der Avenida de Vallvidrera bis zur Station der Zahnradbahn folgen: »Vom Bahnsteig aus gesehen, bildete das Viertel
Vallvidrera einen Balkon über der Stadt. Die Häuser
schienen an unsichtbaren Fäden von den Wolken zu hängen. Wir setzten uns hinten in den Wagen und sahen,
wie sich Barcelona zu unseren Füßen entfaltete, während
die Bahn langsam hangaufwärts kletterte.«
  Óscar und Marina wollen Inspektor Victor Florián
aufsuchen, um von ihm Informationen über den un-

durchsichtigen Kolwenik zu erhalten, Mitinhaber der Velo-Granell-Fabrik und Verfertiger von Ungeheuern. Florián wohnt in »einem alten Haus direkt am Abgrund«, mit verrostetem Briefkasten und abgeblätterter Fassade.

Der betagte Inspektor sieht alte Fotos durch und erinnert sich an trübe Episoden, über die er lieber nicht sprechen möchte. Nach dem Besuch besteigen Óscar und Marina wieder die Zahnradbahn und setzen sich auf eine der Holzbänke beim Fenster. »Es wurde langsam dunkel. Ein Pfiff war zu hören, und die Türen gingen zu. Mit einem Rütteln begann die Bahn die Abfahrt. Langsam blieben die Lichter von Vallvidrera zurück wie auch die reglos auf dem Bahnsteig stehende Gestalt Floriáns.«

Eine Straßenbahn hat David Martín auf der Plaza de Sarriá abgesetzt. Kurz vor der Haltestelle steigt der Schriftsteller in der Calle Mayor de Sarriá aus und geht zu Fuß bis zu der Baumbepflanzung, bei der die Carretera de Vallvidrera beginnt, hinter dem »schlossartigen roten Backsteinbau des Colegio San Ignacio« und der Plaza Borrás. Dann geht er weiter durch eine »bergan steigende, laubbedeckte Straße«, die »von einsamen alten Häusern gesäumt« ist. Er sucht das Haus des verstorbenen Anwalts Marlasca. »Ich wählte die Seite mit den ungeraden Hausnummern und versuchte beim Gehen an Mauern und Gittertoren die Ziffern zu lesen. (…) Ein Stück des Gehsteigs war von einer langen Reihe Zypressen überschattet, und ich sah, dass die Nummerierung von 11 zu 15 sprang.« Verwirrt kehrt er um und geht weiter, bis er eine Passage findet, »die vom Bürgersteig aus über fast fünfzig Meter zu einem dunklen

Gitterzaun mit einem Lanzenkamm« führt. Fast versteckt hinter einem wuchernden Dickicht erscheinen in Stein gehauen die Angaben zu Marlascas Haus in der Nr. 13. »Das Haus war ein Jugendstilbau, der sich in gebogenen Linien zu drei Stockwerken erhob und gekrönt war von einer Reihe in Türmen und Bögen zusammengedrängter Mansarden. Schmale Fenster, spitz wie Dolche, waren in die von Reliefs und Wasserspeiern übersäte Fassade eingelassen. In den Scheiben spiegelten sich die langsam vorüberziehenden Wolken. Hinter einem der Fenster im ersten Stock glaubte ich undeutlich ein Gesicht zu sehen.«

Obwohl an besagter Nummer kein solches Haus steht, finden sich in der nahen Calle Vidal i Quadras mehrere Bauten, die der Beschreibung im Roman entsprechen: »Das Haus Marlasca hatte jene Atmosphäre einer Familiengruft, wie sie große, von Abwesenheit und Entbehrung lebende Häuser aufwiesen«, bemerkt David Martín. Große Wahrheit. In der Literatur sind Landschaften und Figuren ein Mosaik aus realen Erfahrungen, die sich in der Fiktion verbinden. Häuser und Avenuen, für die Vorstellungskraft bewohn- und begehbar.

Route 3
Die Aldaya-Villa

Daniel Sempere entdeckt einen 1919 abgestempelten pergamentartigen Umschlag, adressiert an Julián Carax, den rätselhaften Autor von *Der Schatten des Windes*. Er trägt den Absender Penélope Aldaya und die schon mythische Adresse Avenida del Tibidabo 32. Besessen liest er den Brief immer wieder, und nach einer endlosen Nacht im Halbschlaf verlässt er im Zwielicht der Frühe in aller Eile die Calle Santa Ana. Beim Bahnhof der Generalitat in der Calle Pelayo kauft er eine Dritte-Klasse-Fahrkarte Richtung Tibidabo. Den Kopf an die Fensterscheibe gelehnt, späht er in die dunklen Tunnel hinein, bis der Zug aus den Eingeweiden der Stadt auftaucht, um ihm das »andere« Barcelona zu zeigen. »Es dämmerte, und ein Purpurstreifen teilte die Wolken und bestrich die Fassaden der kleinen Paläste und herrschaftlichen Häuser beiderseits der Avenida del Tibidabo.« *Tibidabo*, lateinisch für *ich werde dir geben*, angeblich ein Versprechen von Luzifer höchstpersönlich.

Bergaufwärts beginnt die Avenida bei der Rotonda und ihrer dekadenten Pergola, zwischen dem Paseo de San Gervasio und dem Ende der Calle Balmes (Plaza de John F. Kennedy). Daniel tritt im Dunst aus dem Bahnhof und wendet sich zur Blauen Straßenbahn, die gemächlich ihre kopfsteingepflasterte Strecke zurücklegt. In jugendlicher Behändigkeit holt er sie ein und schwingt sich auf die hintere Plattform: »Im Schritttempo fuhr die Trambahn die Baumallee bergan, und man sah über die Mauern hinweg schlossähnliche Villen in Gärten liegen, die ich mir voller Statuen, Brunnen, Stallungen und verschwiegener Kapellen vorstellte.« Die Straßenbahn fährt bis zur Plaza del Doctor Andreu (des Arztes der Hustenpastillen), von wo aus eine Zahnradbahn auf den Gipfel und zur Herz-Jesu-Kirche führt – Barcelonas Aussichtsterrasse.

El Frare Blanc, Der weiße Mönch

Von seiner Plattform aus erkennt Daniel in der Nr. 31 die Villa El Frare Blanc, Der weiße Mönch, wo Penélope Aldaya abgelichtet wurde. An der Ecke zur Calle Román Macaya hält die holpernde Straßenbahn. Die Casa Roviralta oder El Frare Blanc wurde, dem Ornamentalstil von Puig i Cadafalch folgend, zwischen 1903 und 1913 von Joan Rubió i Bellver erbaut. Die Dachstruktur gibt dem Haus einen Anstrich von Kindermärchen; die weiß getünchte Fassade steht im Kontrast zum roten Backstein der Balkone, einem in der modernistischen Architektur vielverwendeten Material. Derzeit beherbergt das Haus das Restaurant El Asador de Aranda mit seiner kastilischen Küche. Seine nachts beleuchtete Silhouette lässt ein phantastisches Gebäude erahnen, in dem jederzeit ein Mitglied der Aldaya-Familie auftauchen könnte.

Daniel steigt aus und betrachtet auf der anderen Stra-

ßenseite die Villa von Penélope Aldaya, der Frau, in die
sich Julián Carax verliebte. »Ein schmiedeeisernes Portal
voller Efeu und Laub bewachte sie. In die dicken Eisen-
stäbe eingelassen erriet man ein fest verriegeltes Türchen.
Schwarze Eisenschlangen auf dem Gitter bildeten die
Nummer zweiunddreißig.« Drinnen herrscht Verwahrlosung: »Eine Rostspur rann aus dem Schlüsselloch des
Türchens.« Inmitten von Unkraut lässt der Teich eine
steinerne Hand erkennen. »Noch weiter entfernt erahnte
man zwischen den Unkrautschleiern hindurch eine zer-
sprungene, schutt- und laubbedeckte Marmortreppe.« Es
ist viel Regen vom Himmel gefallen, seit die Aldayas dieses Grab gewordene Haus bewohnten.

Daniel empfindet etwas ganz anderes als Julián Carax
viele Jahre zuvor bei seinem ersten Besuch, als ihn Ricardo Aldaya in die Villa der Nr. 32 einlud. Wieder einmal ein Klassenunterschied. »Als sie an diesem Nachmittag die Avenida del Tibidabo hinauffuhren, glaubte
Julián die Pforten des Paradieses zu durchschreiten. Villen, die ihm wie Kathedralen erschienen, flankierten
den Weg. Auf halber Strecke bog der Fahrer ab, und sie
fuhren durch das Gittertor einer der Villen. Auf der
Stelle setzte sich eine Heerschar von Bediensteten in Bewegung, um den Herrn zu empfangen. Alles, was Julián
sehen konnte, war ein majestätisches, dreistöckiges altes
Haus. Es war ihm noch nie in den Sinn gekommen, dass
an einem solchen Ort wirkliche Menschen wohnen
könnten. Er ließ sich durch die Eingangshalle mitziehen,
durchquerte einen gewölbten Saal, von dem aus eine
von Samtvorhängen gesäumte Marmortreppe in die Höhe
führte, und trat in einen großen Raum, dessen Wände

vom Boden bis zur Unendlichkeit mit Büchern verkleidet waren.«

Als Daniel das Haus verlässt und die Avenida hinuntergeht, würde er lieber auf der Plaza del Dr. Andreu die Standseilbahn besteigen und zum Rummelplatz auf dem Tibidabo hinauffahren, um sich »zwischen den Karussells und Automatensalons« zu verirren, doch er wird in der Buchhandlung in der Calle Santa Ana erwartet. »Auf dem Rückweg zum U-Bahnhof stellte ich mir vor, wie Julián Carax dieselben feierlichen Fassaden bestaunte, die sich seit damals kaum verändert hatten mit ihren Treppen und Statuen, und wie er vielleicht auf die Blaue Straßenbahn gewartet hatte, die jetzt gleichsam auf Zehenspitzen zum Himmel hinauffuhr.« Auf ihrer bescheidenen Hochzeitsreise suchen Nuria Monfort und der unglückliche Miquel Moliner diesen Rummelplatz auf. Sie nehmen die Tibidabo-Bahn, um von den Terrassen des Vergnügungsparks aus das große Barcelona zu betrachten, und sehen doch bloß »eine Miniatur im Nebel«.

In den Vorkriegsjahren war der Tibidabo ein Treffpunkt der Oberschicht. In *Das Spiel des Engels* zeigen zwei Zeitungsausschnitte den Aristokraten Pedro Vidal, wie er im Eingang des Hotels Florida und in den Räumen des Kasinos von Rabasada posiert, an der Straße, die 1868 im Jahr von General Prims Septemberrevolution, der »Gloriosa«, eröffnet wurde.

In den zwanziger Jahren wurde das Florida von Bürgern aufgesucht, die im geräumigen Lesesalon mit seinen Ledersesseln eine Havanna rauchten, durch die halbova-

Rechte Seite: Avenida del Tibidabo 32 mit der Blauen Straßenbahn

len Fenster schauten und sich so ganz oben auf dem
Tibidabo als die Herren der Stadt fühlten. Zum Macht-
hunger gesellte sich eine Leidenschaft für das Spiel und
für erotische Eroberungen. Das 1911 eröffnete Kasino erreichte man per Straßenbahn. Nach einem etwas schlep-
penden Start verhalfen die enormen Profite, die aus der
spanischen Neutralität im Ersten Weltkrieg resultierten,
dem Haus zu großem Glanz, bis es 1933 endgültig schloss.
Laut den ältesten Anwohnern kann man bis auf den heutigen Tag im Unterholz Reste dieses alten Spielkasinos
finden, in dem Pedro Vidal im Roman seiner Roulette-
und Blackjack-Leidenschaft frönt.

Parallel zur Avenida del Tibidabo verläuft die Calle
León XIII. In der Nr. 59, eine Straßenecke von der Aldaya-
Villa entfernt, befindet sich das Büro von Anwalt Re-
quejo, der die Angelegenheiten von Julián Carax' Mutter
regelt.

Daniel wird die Aldaya-Villa noch öfter aufsuchen,
beispielsweise an einem Gewitterabend. Der Bus Nr. 22
setzt ihn am Ende der Calle Balmes ab, an der Kreuzung
mit dem Paseo de San Gervasio. Es regnet in Strömen.
Vor seinen Augen verschwimmt die Avenida del Tibidabo »in einer wässrigen Illusion unter bleiernem Himmel«. Klatschnass und keuchend erreicht er das Gittertor
des Hauses Nr. 32 und inspiziert das Innere. Die Hand im
Brunnen des Parks gehört zu einem unheimlichen Feuer-
engel, dessen »anklagender Zeigefinger, spitz wie ein Ba-
jonett, auf den Haupteingang wies«. Hier wird er sich mit
Bea treffen.

Im Halbdunkel, inmitten von Korridoren, Marmor-
säulen und Spuren von Bildern, die einst an den Wänden

hingen, verbrennen die beiden jungen Leute einen Stapel alter Zeitungen, um sich Wärme zu verschaffen. Das hypnotische Züngeln der Flammen im Kamin ist den Vertraulichkeiten förderlich – Bea erzählt die Geschichte dieser verwunschenen Villa. Ursprünglich hieß sie Nebelburg und war die Sommerresidenz der Familie Aldaya, während sich ihr Hauptwohnsitz an der Kreuzung der Calle Bruch und Mallorca befand, in einem 1896 von Puig i Cadafalch entworfenen Palast, der 1925 abgerissen wurde, um einem Wohnblock Platz zu machen.

Trotz des Zahns der Zeit und Jahren der Verwahrlosung blieb die Villa Avenida del Tibidabo 32 erhalten: »Sie wurde vollkommen renoviert, und aus den steinernen Engeln wurde Rollsplit für den Parkplatz gemacht, der den einstigen Aldaya-Garten einnimmt. Heute sitzt hier eine PR-Agentur ...« (Carlos Ruiz Zafón). Aber wir werden die Villa weiterhin so aufsuchen, wie sie sich in *Der Schatten des Windes* zeigt.

Die Art und Weise, wie wir den Tod zu ignorieren versuchen, sagt viel darüber aus, wie wir das Leben zu leben glauben. In den Rissen Barcelonas zeigt sich die Totenstadt und hält uns diesen Spiegel vor Augen, in dem wir uns nicht sehen wollen. Wir Lebende suchen Friedhöfe normalerweise nur unter besonderen Umständen auf, und die Zeiten, da der Tod unverhüllten Hauptes umherging, liegen weit zurück – so glauben wir wenigstens. Scham und Angst, unterschiedliche Grade einund desselben Zustands, bringen uns dazu, einige der Räume zu verdrängen, die uns am meisten über das echte Barcelona erzählen. Der Tod fühlt sich wohl in dieser Stadt, vielleicht weil sich große Hexen gern in die Hände spielen, und der Dschungel von Mausoleen, Engeln und Kreuzen an den Abhängen des Montjuïc oder im Rücken des Pueblo Nuevo schmeckt mehr nach Barcelona als tausend Olympia-Postkarten. Ein halbstündiger einsamer Spaziergang zwischen den Mausoleen des alten Teils des Friedhofs Montjuïc verschafft einem fast alles Nötige, um langsam zu verstehen, wer die Dame Barcelona ist. Die Totenstadt ist der Teil der Stadt, den ihre eigenen Bewohner am wenigsten kennen – und deshalb vielleicht auch der aufschlussreichste.

CARLOS RUIZ ZAFÓN

Die nekropolitanische Erinnerung

Totengeschäft

Friedhof Montjuïc

»Ich ging durch die unwirtliche Zypressenpromenade,
die zum Eingang des Ostfriedhofs führte, denselben
Weg, den ich so oft mit meinem Vater zurückgelegt
hatte. Der Patron war schon da. Ich sah ihn von weitem,
wie er unerschütterlich im Regen wartete, neben einem
der großen steinernen Engel, die das Haupttor zum
Friedhof bewachten.«

CARLOS RUIZ ZAFÓN, *Das Spiel des Engels*

Skulptur des trauernden Engels

Barcelona, das sind mehrere Totenstädte. Genau gesagt, neun Friedhöfe: Montjuïc, Pueblo Nuevo, Collserola, Les Corts, San Andrés, San Gervasio, Sarriá, Horta und Sants. Mehr als elftausend Beisetzungen pro Jahr und 336000 Gräber auf zweieinhalb Millionen Quadratmetern Fläche. Zählerstand der Stadt und ihrer Totenstädte. Die fieberhafte Aktivität der Lebenden und der ewige Schlaf der Toten. Paläste und Pantheons. Die andere Dimension. An vier dieser Ruhestätten bewegen sich Zafóns Figuren: auf den Friedhöfen von Sarriá und San Gervasio im Norden, dem von Pueblo Nuevo, dem ältesten von Barcelonas Gottesäckern, am Rande des Strandes, und dem von Montjuïc (ursprünglich Südwestfriedhof genannt) auf dem Hügel, der auf den Hafen und den Olympischen Ring des wiedergeborenen Barcelona von 1992 hinabschaut.

Friedhof Sarriá

»Der alte Friedhof von Sarriá ist einer der verstecktesten Winkel Barcelonas. Sucht man ihn auf einem Stadtplan, dann findet man ihn nicht. Fragt man Anwohner oder Taxifahrer, wie man hingelangt, dann wissen sie es ziemlich sicher nicht, obwohl alle schon von ihm gehört haben. Und wenn jemand es vielleicht wagt, ihn auf eigene Faust zu suchen, verirrt er sich höchstwahrscheinlich. Die wenigen, die das Geheimnis seiner Lage kennen, vermuten, dass dieser alte Friedhof eigentlich nichts weiter ist als eine Insel aus der Vergangenheit, die nach Lust und Laune auftaucht und wieder verschwindet.«

An einem Septembersonntag bringt Marina, die ihr Viertel gut kennt, Óscar auf den unbekannten Friedhof Sarriá. Wenn wir einen Stadtführer danach durchforsten, können wir feststellen, dass er tatsächlich nicht leicht zu finden ist. Durch die Calle Escuelas Pías gelangen wir zur Pau Alcover, und eine winzige Passage zwischen der Calle Calatrava und Doctor Roux führt uns zum Eingang dieses von Wohnhäusern eingefriedeten Friedhofs. Wenn wir vom Zentrum herkommen, können wir auch die Ferrocarriles de la Generalitat Richtung Sarriá nehmen, in Tres Torres aussteigen und die Calle Doctor Roux hinaufgehen: Nach dem Überqueren der Pau Alcover stoßen wir auf einen kurzen heckengesäumten Weg, der uns direkt zum von einem riesigen grauen Steinkreuz gekrönten Friedhofsgelände führt.

Durch ebendiese Calle Doctor Roux kommen Óscar Drai und Marina. Sie sind den Paseo de la Bonanova hinuntergegangen, biegen rechts ein, gehen zwei Häuserblocks weiter und betreten auf der Höhe von Nr. 112 die schmale Passage. Es ist nicht einfach, die Toten zu besuchen. »Der Pfad schien zu Ende zu sein. Marina ging aber einfach weiter zu einem Weg, der zu einem zypressengesäumten Säulengang hinaufführte. Auf der anderen Seite lag unter bläulichen Schatten ein verhexter Garten voller

Grabsteine, Kreuze und moosiger Mausoleen. Der alte Friedhof von Sarriá.«

Im nördlichen Teil setzen sie sich in eine etwas erhöhte verborgene Ecke und betrachten das einsame Totenreich. »Man kann vom Leben nichts verstehen, solange man den Tod nicht versteht«, sagt Marina. Das junge Mädchen schwindelt Óscar etwas von Emissären vor, die durch die Straßen ziehen und die Ahnungslosen mitnehmen, welche nie an den Tod gedacht haben. Nach einem Moment des Nachdenkens die Stille, die Ewigkeit, zwei weiße Tauben, die über die Gräber fliegen, und dann erscheint eine seltsame Dame mit Kapuze, die ihr das Gesicht bedeckt, und einem schwarzen Samtumhang. In den behandschuhten Händen trägt sie eine rote Rose, die sie schließlich auf einem Marmorgrabstein deponiert, in den ein schwarzer Schmetterling mit ausgebreiteten Flügeln gehauen ist.

Marina und Óscar sind nicht nur neugierig, wer die Dame ist, sondern auch, wer in diesem Grab liegen mag. Sie lassen die geheimnisvolle Friedhofsbesucherin nicht mehr aus den Augen, als sie wieder hinausgeht. Durch die Calle Doctor Roux gelangen sie zum Paseo de la Bonanova, überqueren ihn und folgen ihr »den Hang zu den Hügeln hinan, wo Palästchen und Villen aus besseren Zeiten« stehen. Die Dame betritt das nächste Geflecht von Straßen, dann bleibt sie stehen und scheint ihre Verfolger endgültig an der Nase herumzuführen: »Die Spur führte uns in eine schmale Sackgasse, an deren Ende oberirdisch die Gleise der Sarriá-Bahn nach Vallvidrera und Sant Cugat verliefen.« Es sind die Straßen Anglí, Dolors Monserdà, Margenat … Ein einziges Schweigen von

Villen, die ihre Geheimnisse hinter Gittertoren und Umfassungsmauern verbergen. Als Hintergrundmusik das Pfeifen des Zuges, der die Brücke unterquert.

Óscar wird weiterhin wie besessen diese Dame in Schwarz verfolgen, und dabei gelangt er abermals auf den Friedhof Sarriá. »Der Regen spuckte auf schwarz gewordene Steingesichter und schiefe Kreuze. Hinter dem Gittertor konnte ich eine Galerie geisterhafter Silhouetten ausmachen. Die feuchte Erde stank nach verwelkten Blumen. Ich lehnte den Kopf an die Gitterstäbe. Das Metall war kalt. Eine Rostspur zog sich über meine Haut.« Da taucht in dieser Regennacht plötzlich ein Fuhrwerk aus dem Wasservorhang auf …

Friedhof San Gervasio

Wenn wir den Friedhof Sarriá durch die Calle Escuelas Pías verlassen, gelangen wir zum majestätischen Block der Schule, die ihr den Namen gegeben hat; dann biegen wir rechts in die Calle Inmaculada ein und kommen in die Bellesguard. In der Nr. 20 befindet sich die berühmte Gaudí-Villa mit den Mosaiken und zinnenbewehrten Mauern, die denen des Park Güell gleichen. Das Ganze wird von einer dreißig Meter hohen Turmspitze mit dem vierarmigen Kreuz gekrönt, Markenzeichen von Gaudís religiöser Bildhauerei.

Die Bellesguard hinaufgehend – der Name spielt auf die schöne Panoramasicht auf Barcelona an –, kommen wir am Eingang der Universität Abat Oliba vorbei und stoßen schließlich auf die laute Ronda de Dalt, die wir überqueren müssen, um zum Friedhof San Gervasio zu gelangen. Motorenlärm und Abgase kontrastieren mit den dunkelgrünen Zypressen und einem Hauch von Gebirgsluft. Ein Engel mit ausgebreiteten Armen scheint der modernen Schnellstraße den Rücken zu kehren und blickt auf ein Jugendstilpantheon, das sich über der Friedhofsmauer abzeichnet. Im Hintergrund ein für im Bau befindliche Häuser gerodeter Berg und ganz oben das Observatorium Fabra mit seiner glänzenden metallenen Kuppel.

In den zwanziger Jahren setzt eine Straßenbahn David Martín vor der Villa von Bellesguard ab, »wo die Stadt am Fuß des Hügels erstarb«. Er sucht die Grabstätte der Familie Marlasca: »Die Friedhofsmauern erhoben sich in fünfzig Metern Entfernung zu einer marmornen Festung, aus der ein Dickicht an Statuen in allen Schattierungen einer Gewitterwolke aufragte.« Der Aufseher schaut im Verzeichnis der verstorbenen Friedhofsbewohner nach, und David findet unschwer das gesuchte Grab, »in einem Rund aus zwei großen Treppen angelegt, die wie in einem Amphitheater anstiegen und zu einer Säulengalerie hinaufführten. (...) Sie war von Grabplatten gesäumt.«

Er untersucht das Grab und sieht, dass es geschändet worden ist. »Diego Marlascas Grab befand sich ganz hinten. Ich ging hin und legte die Hand auf die Grabplatte. Dann zog ich sein Bild hervor, das mir Salvador gegeben hatte, und betrachtete es.« Plötzlich hört er Schritte auf der Treppe, eine Erscheinung ...

Friedhof Montjuïc

Auch in *Der Schatten des Windes* finden Friedhofsbesuche statt. Daniel Sempere hat auf dem Paseo de Colón den Bus bestiegen, der zum Südwestfriedhof führt, bekannter als Friedhof von Montjuïc. Die zweitälteste Begräbnisstätte Barcelonas wurde im März 1883 eingeweiht, als sich die Stadt im wirtschaftlichen Zenit befand, und erstreckt sich über den felsigen Berghang, gleichsam eine Metapher für die Stadtexpansion. So erblickt sie Daniel Sempere in *Der Schatten des Windes*: »Eine Zypressenallee erhob sich im Dunst. Sogar von hier aus, zu Füßen des Hügels, erkannte man die unendliche Totenstadt, die immer weiter den Hang hinaufgewachsen war, bis sie die Kuppe überschritten hatte.«

Der Humorist Joan Capri sagte einmal, allen Barcelonesen sei eine Wohnung mit Meerblick sicher, und meinte damit den Friedhof Montjuïc. Es gab in der Geschichte der Stadt jedenfalls einen Zeitpunkt, da sie nicht allen Unterschlupf gewähren konnte, die ihr angehören wollten, und so wurde der Montjuïc zugleich der Berg der Toten, der Barackensiedlungen und der Müllhalden. Außerdem beherbergt der Südwestfriedhof die Grabversionen sämtlicher architektonischer Stile, die Barcelona ausmachen. In den Pantheons, Gräbern und Nischen finden wir die Totenstadtrepliken der modernistischen Bürgerhäuser, der proletarischen Fabriken und der gotischen Kirchen wieder, gezeichnet von den nämlichen Architekten und Bildhauern. Vom steinernen Grab Verdaguers als Hommage an den Berg Canigó über die nüchterne Ruhestätte Rius i Taulets, des Bürgermeisters der 1888er-Weltausstellung, bis zu den geometrischen Gräbern von Durruti und Ascaso, die an die ausgezackten Dächer einer Fabrik im Dauerstreik erinnern.

An sonnigen Tagen spiegelt sich die Sonne in den Scheiben der Grabnischen, die einander in den Totenstraßen rund um den Hügel dichtauf folgen. Auf diesem Friedhof finden die sterblichen Überreste von Nuria Monfort ihre letzte Ruhe, Daniel Semperes sanftmütig-trauriger Gesprächspartnerin in den Dämmerstunden der Plaza de San Felipe Neri.

Am Tag der Beerdigung fährt der Bus den Hafen entlang und nimmt dann die Straße, die zum größten der Barceloneser Friedhöfe führt: »Ein Labyrinth aus Gräbern, Grabsteinen, monumentalen Mausoleen, von Feuerengeln gekrönten Türmen, bemoosten Steinstatuen, die im Morast versanken.« Daniel ist sich bewusst, dass in einer dieser Galerien, die Thanatos' Barcelona bilden, auch seine Mutter begraben ist. Sein Blick fällt auf ein halbes Dutzend Leute und einen Geistlichen. Nuria ist die Tochter Isaacs, der den Friedhof der Vergessenen Bücher beaufsichtigt. Daniel betrachtet den unpolierten Pinienholzsarg: »Ich blieb stehen, bis sich die Gruppe zerstreute und die Totengräber auf ein Zeichen des Priesters ihre Arbeit zu verrichten begannen. Ich steckte die Blume in die Manteltasche und ging, unfähig, das Lebewohl auszusprechen, das ich mitgebracht hatte.«

Seit seiner Kindheit, als er die Mutter verlor, überfällt Daniel in der Dunkelheit ein beunruhigend deutliches Bild: »Ein Regennachmittag am Osthang des Montjuïc-Friedhofs, der Blick aufs Meer zwischen einem Wald unglaublicher Mausoleen hindurch, einem Wald von Kreuzen und gemeißelten Grabtafeln mit Gesichtern von Schädeln und Kindern ohne Lippen und Blick, ein Gestank nach Tod«, die Stimme seiner Mutter, die ihn bittet, sie aus ihrem steinernen Gefängnis zu befreien, »und dieser Geruch nach frischer Erde, Aschen- und Regenerde, verschluckt alles, Geruch nach Tod und Leere«.

In *Das Spiel des Engels* erscheint der Friedhof Montjuïc von neuem, als David Martín vom Tod seines Rivalen und Usurpators seiner Liebe träumt, des Aristokraten Pedro Vidal. Wieder eine Beerdigung, aber sehr anders als diejenige Nurias. David sieht das protzige Familienmausoleum der Vidals: »Eine schwarz verschleierte Trauerschar säumte das dunkle Marmorrund, das die Säulen vor dem Mausoleum bildeten. Jeder der Anwesenden trug eine hohe weiße Altarkerze. Im Licht von hundert Flammen wurde der Umriss eines großen, schmerzvoll blickenden Marmorengels auf einem Sockel sichtbar, zu dessen Füßen sich das offene Grab meines Mentors mit einem gläsernen Sarg befand.«

Davids literarische Assistentin Isabella, spätere Frau von Daniel Semperes Vater und Daniels Mutter, wird auch auf dem Friedhof Montjuïc ruhen. Sie stirbt kurz nach dem Bürgerkrieg – in offizieller Version als Opfer der Cholera – und wird auf dem Montjuïc beigesetzt: Daniel, Protagonist von *Der Schatten des Windes*, ist eben vier geworden. Zwei Jahrzehnte später wird er in *Der Gefangene des Himmels* dem Leben der verstorbenen Mutter nachspüren …

1960 spaziert Daniel mit seinem Sohn Julián »in der Mittagssonne unter einem das Meeresblau verschmelzenden Himmel zwischen den Grabsteinen hindurch«. Er nähert sich einem der Gräber, wo der kleine Junge über die eingravierten Buchstaben streicht: ISABELLA SEMPERE, 1917–1939. Daniel schließt die Augen, um nicht in Tränen auszubrechen, und als er sie wieder öffnet, sieht er seinen Sohn auf einen kleinen Gipsengel zwischen den verdorrten Blumen deuten. Der Kleine stößt das Figürchen, das der Vater mittlerweile aufgehoben hat, unabsichtlich zu Boden, wo es auf dem kalten Marmor zerschellt und wie eine russische Puppe ein Zettelchen mit Namen und Adresse Mauricio Valls' enthüllt, des Mannes, der die Semperes in tiefstes Unglück gestürzt hat: »Und wenn du eines Tages, vor ihrem Grab kniend, spürst, dass sich das Feuer der Wut deiner bemächtigen will, denk daran, dass es in meiner Geschichte ebenso wie in deiner einen Engel gegeben hat, der alle Antworten kennt.«

Auf dem Friedhof Montjuïc endet die Geschichte von *Der Gefangene des Himmels*: Daniel, Bea und der kleine Julián in enger Umarmung »auf einer über dem Mittelmeer schwebenden Balustrade«.

Ostfriedhof oder Friedhof von Pueblo Nuevo

Bogatell, Avenida Icaria, Calle Taulat 2 ... Die städtebaulichen Veränderungen des olympischen Barcelona haben auch die Umgebung des alten Friedhofs, so oft erbaut und wiedererbaut, besucht und vergessen, merklich mit betroffen. Anfang des 19. Jahrhunderts ersetzte der Ostfriedhof die verschiedenen Gemeindefriedhöfe der ummauerten Stadt. Sein neoklassizistisches Design wurde von den napoleonischen Truppen niedergemäht; dann feierte er in der Frühromantik dank dem italienischen Architekten Antonio Ginesi seine Auferstehung.

Um zum Friedhof zu gelangen, können wir mit der U-Bahn-Linie 4 bis Bahnhof Villa Olímpica oder mit der Buslinie 41 fahren. Die anlässlich der Olympischen Spiele von 1992 gänzlich umgestaltete Avenida Icaria bringt uns vor die Tore der Totenstadt. Wie Wärter begrüßen uns zwei große Säulen mit den Worten *Fides* (Glaube) und *Spes* (Hoffnung). Wenn es hier um die theologischen Tugenden geht – wo bleibt die Liebe? Jahrzehntelang existierte der Friedhof von Pueblo Nuevo neben düsteren Fabriken, dem Abfallgeruch des Bogatell und den Barackensträßen des Somorrostro mit seinen Zigeunerinnen, etwa der unvergesslichen *Bailaora* (Flamencotänzerin) Carmen Amaya, der die Straße auf der Südseite des Friedhofs gewidmet ist.

Im *Spiel des Engels* geht David Martín durch diese Dämmerlandschaft: der Friedhof, Schlote, die schwarzen Regen ausspucken, Grabsteinwerkstätten mit erstickendem Marmorstaub und von industrieller Gier ausgebeutete Kinder, Engel mit schmutzigem Gesicht, die zum Meer hinblicken und an Brot und Heringen knabbern, stumme Zeugen, die wissen, dass sie nach ihrer unglücklichen Kindheit eher früher als später das Grab erwartet. Wenn die Regionalzüge vorbeifahren, blicken Engel und Müttergottes mit ihrem steinernen Antlitz über die Friedhofsmauer, und in der Dämmerung fachen die Barackenbewohner Feuer an.

Vom neunzehnten Jahrhundert bis zum Barcelona der Olympischen Spiele 1992 ist Poblenou das Viertel der Fabriken und Industriehallen. Viele haben als Bestandteil des renovierten Distrikts 22@ eine neue Bestimmung gefunden, beispielsweise die Fabrik Can Framis, wo sich die »Fundación de Arte Contemporáneo Vila Casas« befindet.

Weitere Gebäude harren ihres Schicksals. Eine lange Liste industrieller Hinterlassenschaften mit herausragenden Namen: Can Folch, Can Girona, Can Ricart, Can Riviere, la Foneria Raspall … In *Der Gefangene des Himmels* fährt der perverse Mauricio Valls in seinem Studebaker zu einer der alten Fabriken, die der Textilfabrik Vilradell nachempfunden ist. Tatsächlich gab es einen Strickwarenhersteller dieses Namens, aber in der Calle Alta de San Pedro 15. Viele dieser Fabriken von teilweise bedeutender Architektur sind infolge von Vernachlässigung oder Hausbesetzung mit der Zeit verfallen, wenn sie nicht schon während des Bürgerkriegs ein Opfer der Bomben wurden. Aber zurück zu Valls:

»Die Scheinwerfer drangen in die Schwärze auf der anderen Seite des Tors und ließen den desolaten Zustand der Fabrik erkennen, die im Krieg bombardiert und dann wie so viele Gebäude in der ganzen Stadt ihrem Schicksal überlassen worden war.« Valls heißt den Fahrer zum Wächterhaus gehen und eine Losung sagen. Doch anstatt dass er Einlass bekommt, wird dem Fahrer mit einem in der Nacht widerhallenden Schuss der Schädel durchbohrt. Rasch setzt sich Valls selbst ans Steuer, um von einem Ort zu fliehen, wo er nicht eben willkommen geheißen wird: »Während er sich immer weiter entfernte, sah er im Fabrikeingang mehrere Schüsse aufblitzen.«

Auf dem alten Friedhof ruhen Schriftsteller aus dem Viertel wie Xavier Benguerel, der sich in seinem Roman *Icaria, Icaria* auf die Suche nach dem im industriellen Poblenou Mitte des 19. Jahrhunderts verlorenen Paradies begibt und dabei die Wurzeln der sozialistischen Utopie heraufbeschwört, der Romancier des Barceloneser Booms im 19. Jahrhundert, Narcís Oller, der Träumer Narcís Monturiol, Erfinder des U-Boots Ictíneo und »ikarianischer« Föderalist, oder José Anselmo Clavé, der Philanthrop, der die Arbeiter dazu brachte, Wagners *Tannhäuser* aus Engelskehlen zu singen.

Nach dem Friedhof der Vergessenen Bücher ist der Ostfriedhof der liebenswürdigste der Sempere-Saga und wird in den Romanen dementsprechend häufig wiederbelebt. Unter seinen ewigen Bewohnern befindet sich auch Francesc Canal i Ambrós. Bekannt als *El Santet*, der Heilige, kündigte dieser Verkäufer des Warenhauses El Siglo seinen Kollegen im Voraus seinen eigenen Tod in einem gefräßigen Brand an. Seine Grabnische im ersten Teil des Friedhofs wurde daraufhin zu einem Heiligtum für einfache Menschen, die dorthin pilgern, um Wunder oder kleine Gefälligkeiten zu erbitten, wie die unzähligen Weihgeschenke und handgeschriebenen Wünsche hinter dem Glas des Grabes verraten.

Nach dem Tod des Buchhändlers Sempere, Daniels Großvater, organisiert sein Freund und Berufskollege Gustavo Barceló die Beerdigung auf dem Friedhof von Pueblo Nuevo: »Die Menschenmenge hatte sich vor dem Friedhofstor versammelt und wartete auf das Eintreffen des Fuhrwerks. Niemand traute sich zu sprechen. In der Ferne waren das Tosen des Meers und das Rattern eines

Der Kuss des Todes auf dem Friedhof von Pueblo Nuevo

Güterzuges zu hören, der unterwegs zu den Fabriken hinter dem Gottesacker war.«

Der Pfarrer der Kirche Santa Ana liest vor einem einfachen Grab die Totenmesse, »einer schmucklosen Marmorplatte«. In etwa dreißig Metern Entfernung sieht David das Grab seines unglücklichen Vaters. Als sich am Ende der Zeremonie die Trauergäste zerstreuen, tritt er an Semperes Grab und legt seine Hand auf den Marmor.

Auch Isaac Monfort, der Wächter des Friedhofs der Vergessenen Bücher, hat Erinnerungen an die Totenstadt. Dort liegt seine Freundin Teresita begraben, die an Tuberkulose starb, ein einfaches Mädchen aus dem Ribera-Viertel, mit dem er lange Spaziergänge vom Ciudadela-Park bis zum Bogatell unternahm: An diesem Strand der Traurigkeiten las ihnen eine Zigeunerin aus der Hand und verhieß ihnen lebenslanges Beisammensein.

In Pueblo Nuevo befinden sich auch die Lager des Verlages Cabestany, der sämtliche Romane von Julián Carax veröffentlicht. In den ersten Monaten des Jahres 1936 brennt das Lager: »In der Ferne loderte das Lager von Pueblo Nuevo wie ein Scheiterhaufen, ein bernsteinfarbener Schein ergoss sich aufs Meer, und Feuer- und Rauchspiralen züngelten zum Himmel empor.« Weniges lässt sich retten – einige Gedichtsammlungen von Verdaguer, zwei Bände der Geschichte der Französischen Revolution und die Exemplare von Julián Carax, die Nuria Monfort bergen und auf dem Friedhof der Vergessenen Bücher verstecken wird.

David Martín kennt die Gegend von Pueblo Nuevo gut. 1898 kommt sein Vater aus dem verlorenen Philippinenkrieg zurück und schleppt sich elendiglich durch die ungastliche Industrielandschaft von Pueblo Nuevo und San Martí auf der Suche nach Arbeit. In Pueblo Nuevo befindet sich die Redaktion der Zeitung *Die Stimme der Industrie,* wo er eine Stelle als Nachtwächter findet und sein Sohn David seine schriftstellerische Be-

Somorrostro-Strand

gabung unter Beweis stellt: »Der Sitz der Zeitung erhob
sich hinter einem Wald aus Engeln und Kruzifixen des
Friedhofs von Pueblo Nuevo, und aus der Ferne ver-
schmolz der Schattenriss des Hauses mit der Silhouette
der Gräberwelt vor einem Horizont aus Hunderten von
Schloten und Fabriken, welche eine dauernde Dämmerung aus Scharlach und Schwarz über Barcelona legten.«

Die von Don Basilio Moragas geleitete Zeitung (mit
Pedro Vidal als Edelfeder der Redaktion) befindet sich in
einem »elenden, hinter den Friedhofsmauern in Pueblo
Nuevo vergrabenen Gässchen, in dem sich Werkstätten für Grabsteine und Friedhofsskulpturen aneinander-
reihten und das an einem jener Flussläufe endete, die
den Strand von Bogatell und die sich bis zum Meer
erstreckende Hüttensiedlung von Somorrostro durch-
kreuzten«.

David spricht von einem Gebiet hinter dem alten
Friedhof, dem mikroskopisch kleinen Gewirr der Passa-
gen von Llacuna und Aymà, wenige Meter vom unteren
Stück der Rambla del Pueblo Nuevo entfernt.

Von klein auf begleitet David seinen Vater in der Straßenbahn, die in der Calle Trafalgar abfährt und sie vor
dem Friedhofstor absetzt. Er wird noch viele Abende
bei dieser Industriezeitung mit ihrem Geruch nach ge-
schmolzenem Blei und ihren Rußflecken verbringen:
»Je näher wir dem Pueblo Nuevo kamen, desto dichter
wurde das Geflecht aus dunklen, von großen Pfützen
übersäten Straßen. Sie waren kaum beleuchtet, und die
Scheinwerfer der Straßenbahn ließen die Konturen Stück
für Stück vortreten wie eine Fackel in einem Tunnel.
Schließlich erblickte ich das Friedhofstor, und vor einem
endlosen, den Himmel rot und schwarz sprenkelnden
Horizont von Fabriken und Schloten zeichneten sich
Kreuze und Statuen ab.«

Eines Tages betritt David eines der Grabsteinateliers
rund um den Friedhof: Sanabre und Söhne. Dort entdeckt er einen großen Engel des Lichts, denselben, der
das Revers des teuflischen Verlegers Andreas Corelli
ziert, und zu Füßen der Skulptur einen Grabstein mit
seinem Namen und einem Datum: 1900–1930.

David trifft seinen Patron an einem eisigen Morgen
mit Kalk- und Schwefelgeruch zum letzten Mal: »Er trug
Schwarz, und das Einzige, was ihn von den Hunderten
Statuen hinter den Gittern des Geländes unterschied,
waren seine Augen.« Vor dem schwarzen Regen, der die
Fabriken des Viertels dunkel färbt, suchen sie Zuflucht
in einem Mausoleum »mit einer Kuppel auf Marmor-
säulen, umgeben von Engeln mit schmalen Gesichtern
und zu langen Fingern«. David überlässt Corelli der Lektüre seines Manuskripts und geht tiefer in die Totenstadt
hinein, bis er das von einer Pietà behütete Grab seines

Vaters findet: »Ich kniete mich vor den Grabstein und schabte das Moos von der eingemeißelten Inschrift.«

Ein in Trauer gekleideter Junge, den er bereits auf dem Paseo del Borne gesehen hat, bittet ihn, ihm durch eine enge Gasse zu folgen, an deren Ende man den Strand ausmachen kann. Lange Zeit war Barcelonas Strandseite eine riesige Kloake von Industrieabfällen, baufälligen Lagerhallen, Eisenbahnwagen auf Abstellgleisen und in verteertem Sand gestrandeten Frachtern.

Die Straßen des Olympischen Dorfes mit ihren Inlineskatern und Designhäusern und die Küstenumgehungsstraße führen heute durch das, was einmal eine Elendsgegend war: den Strand des Bogatell und des Somorrostro mit seiner Ansammlung von Hütten und den Zigeunerinnen, die einem Glück oder Unglück prophezeiten. David beobachtet, wie sich »die Wellen wenige Meter vor der vordersten Reihe der Holz- und Schilfhütten« brechen, Baracken, die von den Stürmen mit Wassergewalt weggefegt wurden, ein Gebiet von Ratten und Kinderlähmung. Eine Legion von Unglücklichen betrachtet den Besucher. David wird sich mit der Hexe des Somorrostro treffen und mit ihr über die Seelen im Fegefeuer und insbesondere über den Anwalt Diego Marlasca sprechen, den ehemaligen Insassen seines Turms in der Calle Flassaders. In dieses Haus wird er zurückkehren müssen, um sich seinem Schicksal zu stellen.

Und wenn wir schon vom Schicksal sprechen – an diesem Strand landet 1940 Fermín Romero de Torres nach seiner Flucht aus dem Kastell des Montjuïc. »Die Straßen von Pueblo Nuevo lagen in einer undurchdringlichen, feuchten Dunkelheit, die von der Hütten- und Baracken-

Kastanienverkäuferin vor einem Grabsteinatelier

siedlung am Strand des Somorrostro-Viertels heraufstieg. (…) Fermín betrat die Gässchen und Tunnel dieser Armenstadt und sank zwischen zwei Schutthügeln nieder.« Fiebernd und misshandelt, spürt er auf der Stirn die Hand einer alten Frau, die ihn fragt, woher er kommt: »Von den

Toten.« Dann wird er ohnmächtig. Als er das Bewusstsein wiedererlangt, lernt er nach sieben Tagen delirischen Zitterns den Zigeuner Armando kennen. Dieser gute Mensch, der ihm die Rückkehr ins Leben ermöglicht, »war nur in der unsichtbaren Welt der Armen- und Unberührbarenstadt jemand«. Der genesende Fermín wird sich unter der Sonne am Strand erholen, und einmal spät in der Nacht »stand er leise auf und ging durch die engen Gassen zu der Grenze der Armenstadt, die von den Bahnschienen bestimmt wurde«. Er will davongehen, doch die Angst vor der Rückkehr peinigt ihn. Er beruhigt sich wieder, als ihm Armando, der ebenfalls einmal ein Gefangener des Kastells war, mitteilt, dass es ihn gar nicht mehr gibt, dass ihn die Polizei, die ihn gesucht hat, für tot hält. Mit einem von Armando geschenkten Mantel und ein wenig Geld versehen, macht sich Fermín unter den »Unsichtbaren auf zu den Straßen eines Barcelona, das nach Elektrizität roch. In der Ferne sah er die Türme der Sagrada-Familia-Kirche in einer roten Wolkendecke gefangen, die ein biblisches Gewitter verhieß, und ging weiter.« Seinem Schicksal entgegen.

Das Schicksal produziert eher Röntgenaufnahmen denn Ironie. Wer immer sich in die Dokumente der fraglichen Zeit versenkt, wird feststellen, dass nach den Jahren des Modernismus das Werk Gaudís und anderer Modernisten eifrig schlechtgemacht wurde von Leuten, die sich für Intellektuelle und Gralshüter des guten Geschmacks hielten. Noch heute finden sich Dokumente, in denen diese Altarlichter von der Stadtverwaltung verlangten, sie solle die modernistischen Häuser und Monumente abreißen oder, schlimmstenfalls, ihre Besitzer dazu anhalten, die Fassaden zu verunstalten. Laut solch großen »Denkern« waren Bauten wie diejenigen Gaudís oder der Palau de la Música ein »Affront gegen den guten Geschmack und ein Verbrechen gegen die Menschheit«. Erst nachdem in den fünfziger Jahren ein amerikanischer Architekt die Stadt besucht und nach der Begegnung mit diesen Wundern, denen Barcelona den Rücken kehrte, ein Buch verfasst hatte, das andere Forscher auf den Plan rief, begann die allmähliche Wiederauferstehung des Modernismus. Einige dieser Bauwerke stehen heute noch, und nachdem die Stadt endlich ihre Liebe für sie, aber auch für ihren touristischen Mehrwert entdeckt hat, feiert sie sie und verhilft ihnen mit Postkarten und Ausstellungen zu ewigem Leben. Noch immer gibt es die Einfaltspinsel und Besserwisser, die ihre Schönheit und Kraft so hassten, sowie ihre direkten Erben, aber sie haben sich andere Zielscheiben für ihre Dummheit suchen müssen – mit Gaudí und seinen Kollegen wagt sich keiner mehr anzulegen.

CARLOS RUIZ ZAFÓN

Des Schöpfers Schatten

Der Charme des Modernismus

Blick auf den Park Güell

»An diesem Tag meißelte Gaudís Geist unmögliche
Wolken auf ein Blau, das einen fast erblinden ließ.«

CARLOS RUIZ ZAFÓN, *Marina*

Schmiedeeisendrache von Antoni Gaudí

Barcelonas Schicksal ist vom Modernismus nicht zu trennen, einer Strömung, die in anderen Teilen Europas je und je anders bezeichnet wurde – als Jugendstil etwa – und die in Katalonien durch renommierte Architekten wie Gaudí, Puig i Cadafalch oder Domènech i Montaner vertreten wurde. Das Mäzenatentum der Industriebourgeoisie, insbesondere Eugeni Güells, ermöglichte die Errichtung geistlicher und weltlicher Bauwerke. Unter den Ersteren findet sich die Sagrada-Familia-Kirche, eine zu ewigem Unverständnis verdammte Kathedrale; unter Letzteren das San-Pablo-Krankenhaus (dank einem Vermächtnis des Bankiers Pau Gil) und der Palau de la Música, die zugleich zeigen, wie sich der Stil der Funktion anpasst, oder der Park Güell, eine gaudíanische Gartenstadt, die die Stadt seinerzeit nicht zu würdigen wusste und die heute im Mittelpunkt des touristischen Interesses steht.

Der Palau de la Música

David Martín verbringt die Kindheit mit seinem Vater »in einer kleinen Mansarde über der Baustelle des neuen Konzertsaals, des Palau de la Música de l'Orfeo Català«.

Es sind die ersten Jahre des 20. Jahrhunderts, als die geplante Vía A – die heutige Vía Layetana – die Ribera durchqueren und die Viertel der Handwerker und Händler halbieren soll – jenes Barcelona, das für den Schriftsteller Emili Vilanova und den Maler Santiago Rusiñol so wichtig war. David erinnert sich an »eine kalte, enge Bleibe, in der Wind und Feuchtigkeit sich über die Mauern zu mokieren schienen«. Am 9. Februar 1908 wurde dieser Bau Lluís Domènech i Montaners eingeweiht. Wenige Monate später verhalfen die Berliner Philharmoniker unter der Leitung von Richard Strauss dem schönen modernistischen Palais zu erstem Prestige.

Hingerissen betrachtet der kleine David diese Fassade voller Komponisten, Sängerengel und mittelalterlicher Ritter, die die enge, dunkle Gasse aufzuzehren scheint: »Ich setzte mich immer auf den winzigen Balkon und ließ die Beine baumeln, um die Vorbeigehenden zu beob-

Detail einer Bildhauerarbeit am Palau de la Música

achten und dieses Riff aus unmöglichen Skulpturen und Säulen zu bestaunen, das auf der gegenüberliegenden Straßenseite heranwuchs und fast mit Fingern zu greifen nahe schien und dann so weit entfernt war wie der Mond.«

Die von David erwähnte Wohnung könnte sich in der Nr. 10, 12 oder 14 der Calle Sant Pere Més Alt befinden, gegenüber dem Hauptfoyer des Palau. Außer dem Bau Domènech i Montaners kann David auch die benachbarte Kirche – sie ist der Erweiterung des Palau gewichen – sowie das neoklassizistische Haus der Segelmacher-Innung mit seinen Sgraffitomauern sehen. Letzteres ist eines der wenigen Gebäude, die beim Bau der Layetana verschont blieben, der damals eine düstere Schneise von Ausbaggerungen und abgerissenen mittelalterlichen Werkstätten zurückließ.

Krankenhaus San Pablo

Von dem Taxi aus, das ihn zu Marina bringt, sieht Óscar Drai das San-Pablo-Krankenhaus. Domènech i Montaners majestätisches Werk erscheint ihm als »eine in den Wolken schwebende Stadt, lauter spitze Türme und unwahrscheinliche Kuppeln«. Wie beim Palau de la Música wurde auch mit dem Bau des Krankenhauses in den ersten Jahren des 20. Jahrhunderts begonnen; fertiggestellt wurde es 1930. Dank dem Mäzenatentum des Bankiers Pau Gil löste das modernistische Krankenhaus San Pablo das gotische Santa Cruz in der Calle del Carmen ab, das später zur Katalanischen Bibliothek umgewandelt wurde. Allegorische Skulpturen von Gargallo, Marmortreppen mit rosa Säulen und der stilisierte Uhrturm auf der Kuppel, dazu eine ganze Reihe Pavillons und Parkanlagen, die uns an eine harmonisch-heitere Stadt der Künste und der Gesundheit denken lassen, weit entfernt von der unmenschlichen Massengesellschaft unserer Tage – das ist das San-Pablo-Krankenhaus.

In seinen weiten Sälen sucht Óscar seine Freundin Marina. Im vierten Stock führt ihn ein langer Gang zu ihrem Zimmer. Durch die Fenster sieht der Schüler die Avenida Gaudí: »Die Türme der Sagrada-Familia-Kirche halbierten den Himmel.«

Die Agonie von Marina mit ihrem Bubikopf scheint sich in den »von Schmerz und Verlust gezeichneten Gesichtern« zu bestätigen, die auf dem Gang still aneinander vorüberziehen. In jenen eiskalten Tagen wird er lernen, »dass Barcelona im Winter die tristeste Stadt der Welt sein kann«. Im endlosen Warten aufs Unvermeidliche unterhält er sich lange mit Marinas Vater Germán und löst das Versprechen ein, das er dem Mädchen eines Tages in der Standseilbahn nach Vallvidrera gegeben hat: ihr eine Miniaturkathedrale zu bauen – ein Werk, an dem auch Marinas Zimmergenossinnen Anteil nehmen. Von den Ärzten aufgegeben, kehrt sie zum Sterben in das alte Haus in Sarriá zurück. Da ist die Kathedrale bereits fertig.

Die Sagrada Familia

Nach dem Verlassen des Krankenhauses folgen wir der Avenida de Gaudí, bis wir auf den gleichnamigen Platz gelangen. Die Sagrada-Familia-Kirche erhebt sich in dem durch die vier Straßen Mallorca, Cerdeña, Marina und Provenza gebildeten Geviert. In *Das Spiel des Engels* macht David Martín nach unendlichen Tagen nächtlichen Schreibens einen Spaziergang: »Meine Schritte führten mich hinauf zur Baustelle der Sagrada-Familia-Kirche.« Er erinnert sich, wie ihn sein Vater als kleinen Jungen mitnahm, »um dieses Babel aus Skulpturen und Säulen zu bestaunen, das sich nie wirklich erheben wollte, als wäre es erleuchtet«.

Der Grundstein zum Sühnetempel wurde am 19. März 1882 von Bischof Urquinaona gelegt. Die Bauleitung, ursprünglich dem Architekten Francesc de Paula del Villar übertragen, ging an Antoni Gaudí über. Die Stadt wuchs, und das Monument setzte seinen Kampf gegen die Jahrhunderte mit dem Bild einer ewigen Baustelle fort. Mit Vergnügen geht David immer wieder hin. Er stellt fest, dass sich die Gaudí-Kathedrale »nicht verändert hatte, dass die Stadt ringsherum unaufhörlich weiterwuchs, die Sagrada Familia jedoch eine Ruine blieb«.

Als David den Sühnetempel betrachtet, zeigt sich »eine blaue, von roten Lichtern durchschnittene Dämmerung, in der sich die Türme der Weihnachtsfassaden in ihren Umrissen abzeichneten«. Er ist von diesem Anblick ganz benommen, und da passiert ihm etwas Ähnliches wie einst Gaudí selbst: Am 7. Juni 1926 überfuhr den Architekten eine Straßenbahn, während er just unterwegs

Der Sühnetempel der Sagrada Familia im Bau

war zur Kirche von San Felipe Neri ... David erlebt eine Neuauflage dieser Todessituation: »Ich überquerte eben die Calle Mallorca, als ich im Frühdunst die Lichter einer Straßenbahn näher kommen sah. Ich hörte das Rattern der Metallräder auf den Schienen und das Gebimmel, mit dem der Straßenbahner auf seine Schattenfahrt aufmerksam machte. Ich wollte loslaufen, konnte aber nicht. Wie angewurzelt blieb ich stehen, bewegungslos zwischen den Schienen, und sah zu, wie die Lichter der Bahn auf mich zustürzten. Ich hörte die Rufe des Fahrers und sah die blockierten Bremsen eine Funkenspur aus den Rädern schlagen. Und obwohl der Tod nur wenige Meter entfernt war, konnte ich keinen Muskel rühren.«

Park Güell – Corelli-Haus

Der Verleger Andreas Corelli wohnt in einem Haus neben dem Park Güell, und dahin lässt sich David im Taxi chauffieren. Wir besteigen dazu auf der Plaza de Cataluña den 24er Bus. »Wir brauchten etwa zwanzig Minuten für den Weg quer durch die Stadt und hinauf auf den Hügel mit dem geisterhaften Wald des Architekten Gaudí.« Wie ihm Corelli gesagt hat, steht das Haus an der Ecke der Straßen Olot und San José de la Montaña, genau beim Eingang zum Park Güell: »Oben am Hang machte ich das große Tor zum Park aus. Drei Jahre zuvor hatten nach dem Tode Gaudís die Erben des Grafen Güell diese verlassene Villenkolonie, die nie einen weiteren Bewohner gesehen hatte als ihren Architekten, der Stadt zu einem Schleuderpreis verkauft.«

Als der Protagonist von *Das Spiel des Engels* 1929 das Haus aufsucht, erinnert ihn der »vergessene und vernachlässigte Park mit seinen Säulen und Türmen an ein verfluchtes Eden«. Der Eindruck scheint sehr passend, wenn wir an das Scherbengericht denken, das der modernistische Stil in den zwanziger und dreißiger Jahren nach und auf sich zog, als der Rationalismus triumphierte und Gaudís architektonische Werke als anachronistische Hirngespinste betrachtet wurden. Ein passender Ort für eine so mysteriöse Figur wie den Verleger Corelli, der David Martín in seinem Haus empfängt, um ihn für das seltsame, komplexe Buch, mit dem er ihn beauftragt hat, zu entlohnen.

Der Park Güell ist auch das Schattenreich um das Haus, das eine andere düstere Zafón-Figur, Michail Kolwenik, für seine Geliebte errichten lässt, die Sängerin Ewa Irinowa – ein Haus, das schließlich vom Schicksal verflucht sein und die Vorstellung des Park Güell als eines Orts, der nie zum Leben erwacht, verstärken wird.

Heute herrscht in dem originalen Park von Gaudí, den seine Zeitgenossen nicht verstehen konnten, ein solches Touristengewimmel, dass sich die Abgeschiedenheit und Unruhe nur schwer nachvollziehen lassen, die unser Held empfindet. Wenn wir durch die Calle Olot gehen, begleitet uns rechter Hand die Mauer dieses modernistischen Wallfahrtsorts mit ihrer Trencadís-Kante voller bunter Keramikmedaillons mit dem Namen Güell. Am Ende der Straße führt eine steinerne Treppe mit Schmiedeeisengeländer zur Calle San José de la Montaña hinauf, von der aus man Andreas Corellis aristokratisches Haus sieht. David Martín erblickt das goldene Licht in seinen Fenstern: »Je weiter ich die steinernen Stufen hinanstieg, desto deutlicher glaubte ich auf einer Balustrade im zweiten Stock eine Silhouette zu erkennen, unbeweglich wie eine in ihrem Netz hockende Spinne.«

Oben angelangt, sehen wir, dass das Haus zwei Eingänge besitzt: der Haupteingang trägt die Nr. 4 der Calle Olot, der Seiteneingang die 46 der Calle San José de la Montaña. Die neoklassizistische Casa Pere Jaqués, 1900 vom Architekten Joan Marsans erbaut, nimmt die ganze

Ecke ein und beherbergt derzeit den Japanischen Verein der Freundschaft mit Katalonien sowie ein chinesisches Marketingunternehmen. Doch in der Romanwelt wird es immer die Villa des perfiden Corelli sein.

»Es war ein schlanker, verwinkelter, turmförmiger Bau mit drei Stockwerken und von Mansarden gekrönt, der wie eine Schildwache auf die Stadt und den geisterhaften Park hinabschaute.« Vom Haus mit dem Dach aus grünen und gelben, wie Eidechsenschuppen gefügten Keramikziegeln sieht man auf die Esplanade des Park Güell hinunter mit dem typischen Gaudí-Kreuz und dem bunten Drachen, der achtzig Jahre später die Touristen willkommen zu heißen scheint, welche sich neben ihm fotografieren lassen.

In dieser Villa wird David Martín zum Opfer seltsamer, von seinem unseligen »Wohltäter« ersonnener Experimente. Als er später dahin zurückkehrt, findet er nur heruntergekommene Räume: Ruinen, Staub und Spinnweben. »Die Möbel standen noch genauso da, wie ich sie in Erinnerung hatte, aber selbst in dem schwachen Licht konnte man erkennen, dass sie alt und staubbedeckt waren. Trümmer. Die Vorhänge waren zerfranst, und der Anstrich schälte sich von den Wänden wie Schuppen.« Er flieht aus diesem verwunschenen Haus – »ich wandte mich hügelabwärts und schlug den Weg ins Gracia-Viertel mit seinen dunklen, verwinkelten Straßen ein«. Aus einer verrauchten, lärmigen Kneipe, wo über Fußball diskutiert wird, ruft er den Anwalt Valera an. Das Geheimnis ist noch lange nicht gelüftet …

*Weiterführendes
zu Carlos Ruiz Zafón*

Die Bibliothek

Nationale Episoden. 1873 begann Benito Pérez Galdós mit *Trafalgar* einen Romanzyklus über das Spanien des 19. Jahrhunderts, der Balzacs *Menschlicher Komödie* nachempfunden war. Fruchtbarer Romancier, Dramatiker und Artikelschreiber, übersetzte er Charles Dickens' *Pickwickier*. Der Gipfel seiner Erzählkunst ist *Fortunata und Jacinta* (1886–1887), untertitelt mit *Zwei Geschichten von Ehefrauen.*

Fermín Romero de Torres, Gehilfe in der Buchhandlung Sempere, verleiht »einer Sammlung der *Nationalen Episoden* unseres berühmten Benito Pérez Galdós« Glanz. Galdós ist auch das Vorbild, das Don Basilio David Martín in Sachen Roman ans Herz legt: »Ihr Handwerk ist feiner ausgebildet als Ihr Geschmack, Martín. (…) Sie sollten die Klassiker lesen – oder wenigstens Don Benito Pérez Galdós, um Ihre literarischen Ambitionen zu schärfen.« *Fortunata und Jacinta* ist das Buch, dessen Rücken Sempere verleimt. »Wenn Sie pikante Gesellschaft brauchen, nehmen Sie *Fortunata und Jacinta* mit«, empfiehlt er David.

Balzac, Zola und Dickens. Julián Carax' Lieblingsautoren.

Honoré de Balzac (1799–1850) ist der magmatische Autor des frühen französischen Realismus, fähig, die ganze Welt in einen einzigen Roman zu packen.

Émile Zola (1840–1902), Schriftsteller und Journalist, prangert in seinem Leitartikel *J'accuse* die politische Willkür an. Vater des Naturalismus, seziert er die Gesellschaft und geißelt die Ungerechtigkeiten und das Erbe der Armut, zu der viele Menschen schon im Moment der Geburt verdammt sind.

Charles Dickens (1812–1870) ist das literarische Genie, das das Elend seiner sozialen Herkunft überwindet, um Meister in einer Literatur zu werden, die soziales Engagement mit der Kunst der Belletristik verbindet, in so unvergesslichen Romanen wie *Oliver Twist*, *David Copperfield* oder *Große Erwartungen*. Letzterer ist David Martíns (und Carlos Ruiz Zafóns) Lieblingsroman. 1861 veröffentlicht, erzählt er vom jungen Pip, der über Nacht zu einer großen Summe Geld gelangt, mit der ihm ein geheimnisvoller Mäzen die Ausbildung finanziert. Ein Meisterwerk der Liebesgeschichten und verwickelten Beziehungen. Sempere schenkt David das Buch, und der liest es neunmal hintereinander: »Ich dachte, ein besseres Buch könne es gar nicht geben. Und mit der Zeit glaubte ich, dieser Herr Dickens habe es nur für mich geschrieben. Bald war ich der festen Überzeugung, im Leben nichts anderes zu wollen, als zu erlernen, was Herr Dickens tat.«

Fuente Ovejuna von Lope de Vega. Einmal dreht Gustavo Barceló einem amerikanischen Touristen ein Exemplar von *Fuente Ovejuna* an, »von Lope de Vega mit Kugelschreiber signiert«. Die populäre Komödie über Volksjustiz und Machtmissbrauch entstand zwischen 1612 und 1614, als man noch den Gänsekiel in die Tinte tauchte.

Sigmund Freud (1856–1939). Der Vater der Psychoanalyse ist Fermín Romero de Torres' Autorität in Sachen Sexualität.

Krieg und Frieden (1863–1869) von Leo Tolstoi. Für David Martín erfordert dieser Roman über die Moskauer Aristokratie zur Zeit des Napoleonischen Kriegs einen langsamen Stoffwechsel.

Das Bildnis des Dorian Gray von Oscar Wilde. Dieser Roman von 1891 über die pervertierte Sinnlichkeit war das Brevier der Dekadenz des Fin de Siècle. In *Das Spiel des Engels* beginnt Isabella in der Buchhandlung Sempere zu arbeiten und erweist sich als überzeugende Verkäuferin: »Noch vor fünf Uhr hatte ich schon zwei Exemplare von *Das Bildnis des Dorian Gray* verkauft«, und der distinguierte Herr gibt ihr auch noch ein Trinkgeld.

Die Handschrift von Saragossa von Jan Potocki. Sempere liest eine kostbare Ausgabe dieses Kultbuchs. Der Pole Potocki verfasste es 1805 auf Französisch mit Elementen des Kriminalromans und goyahafter Phantasie.

Die Bibel (Torres Amat, 1825, 1893 aktualisiert). Diese Ausgabe gibt Gustavo Barceló David Martín für das Buch, mit dem ihn Corelli beauftragt hat.

Franz Kafka (1883–1924). Marinas Kater heißt wie der Verfasser der *Verwandlung*: »Er antwortete mit einem Schnurren und führte mich wie ein phlegmatischer Butler durch den Garten zum Brunnen.«

Das Kapital von Karl Marx. Gescheite Wirtschaftsstudie, mehr zitiert als gelesen und während der Franco-Diktatur sehr gesucht von den Inspektoren der Politischen Polizei auf ihrer Suche nach Regimekritikern. In dieser Repressionsmaschinerie findet sich auch Inspektor

Víctor Florián, Figur aus *Marina*, im Barcelona der vierziger Jahre.

Edgar Allan Poe (1809–1849). Der Autor von *Der Untergang des Hauses Usher* ist für Don Basilio, den Chefredakteur der *Stimme der Industrie*, ein Musterbeispiel effektvoller Erzählkunst: »Bringen Sie mir eine Geschichte, keine Abhandlung. Wenn ich Predigten will, gehe ich zur Christmette. Bringen Sie mir eine Geschichte, die ich nicht schon gelesen habe, und wenn ich sie schon gelesen habe, bringen Sie sie mir so gut geschrieben und erzählt, dass ich es gar nicht erst merke.«

Die Geheimnisse von Barcelona. Der »Musketier« Alexandre Dumas (1802–1870), der »Gotiker« Bram Stoker (1847–1912), Autor von *Dracula*, Eugène Sue (1804–1857), Meister der Fortsetzungsgeschichten und Autor von *Die Geheimnisse von Paris*, Paul Féval (1816–1887), Schöpfer des Buckligen Lagardère, Vampir-Pionier und mit *Die Geheimnisse von London* Nachahmer von Sue – diesen literarischen Vorbildern folgt David Martín in seinem Roman *Die Geheimnisse von Barcelona*, dessen Titel eine Hommage an den lokalen Sittenroman *Barcelona und seine Geheimnisse* von Antonio Altadill ist.

Vater Goriot von Balzac und *Lehrjahre des Gefühls* von Flaubert. Zusammen mit *Eugénie Grandet* erreicht *Vater Goriot* unter den Sittenstudien der *Menschlichen Komödie* Balzac'sche Vollkommenheit.

Lehrjahre des Gefühls (1869) handelt von den verlorenen Illusionen der Jugend. Sempere stellt David Martíns Roman *Die Schritte des Himmels* in eine Reihe mit diesen beiden erhabenen Titeln des Realismus des 19. Jahrhunderts. Flaubert ist der bevorzugte Autor von Monsieur

Roquefort, Claras Hauslehrer und Pariser Entdecker von Julián Carax.

Äneis von Vergil (29–19 v. Chr.). Aeneas' endlose Reise symbolisiert die Entstehung Roms. Zusammen mit Homers *Odyssee* das große Epos der klassischen Hochkultur. Claras Hauslehrer Roquefort brüstet sich damit, »Vergils *Äneis* auf Lateinisch rezitieren zu können«.

Die Elenden von Victor Hugo. Der Montblanc-Füller, den Daniel Sempere so gern im Füllfederhaltergeschäft in der Calle Anselmo Clavé kaufen würde, hat eine Goldfeder, der das Manuskript des großen Romans *Die Elenden* entsprungen sein soll, erschienen 1862 auf den Pariser Barrikaden, in denen sich Jean Valjeans heldenhaftes Profil zeigt.

Mein Kampf von Adolf Hitler. 1936 will der schwachsinnig-arrogante Sohn des Carax-Verlegers Cabestany den väterlichen Bücherbestand als Papierbrei verkaufen; ein Freund von ihm, »ein verwöhntes Bürschchen mit einem Haus in Caldetas und einem Bugatti, hatte ihn davon überzeugt, dass sich Liebes-Fotoromane und *Mein Kampf* phantastisch verkaufen würden und dass man tonnenweise Zellulose brauche, um die Nachfrage zu befriedigen.«

Curial und Güelfa, Tractatus Theologicus-Politicus, Anthologie von Jovellanos, Juan Valera, Moratín, Le Fanu: Auf dem Friedhof der Vergessenen Bücher versteckte Werke und Autoren. *Curial und Güelfa* ist ein Ritterroman aus dem 15. Jahrhundert. Baruch Spinoza (1632–1677) ist der Vater des Pantheismus und Autor des *Tractatus*, in dem er Gott mit der Natur verschmilzt. Gaspar Melchor de Jovellanos (1744–1811) und Leandro Fernández de Moratín (1760–1828) stehen für den erfolglosen Versuch, in Spanien die Aufklärung einzuführen. Juan Valera (1824–1905), seinerzeit mit dem Roman *Pepita Jiménez* sehr populär, liest heute niemand mehr. Und der Dubliner Joseph Sheridan Le Fanu (1814–1873) verbindet in Kriminal-, Vampir- und Geistergeschichten voller Erotik wie in der berühmten Erzählung *Carmilla* (1872) Unterhaltungsroman und Journalismus.

Graham Greene (1904–1991). Der Autor von *Die Kraft und die Herrlichkeit* verfasste seine besten Romane in den vierziger und fünfziger Jahren. Es erstaunt nicht, dass ihn Fermín Romero de Torres den Kunden der Buchhandlung Sempere empfiehlt.

Robert Louis Stevenson (1850–1894). Julián Carax' literarische und schöpferische Frühreife offenbart sich einen Tag vor seinem 13. Geburtstag, als er verkündet, »er wolle eine Person namens Robert Louis Stevenson sein, ganz offensichtlich ein Ausländer«. Das Spiel mit den Identitäten in *Dr. Jekyll und Mr. Hyde* ist ein gängiges Motiv des Schauerromans.

Eiffel und Edison. Daniels Vater schenkt Tomás Aguilar, dem Freund seines Sohns und Bruder Beas, einem echten Mechanikfreak, die Biographien des Ingenieurs Gustave Eiffel, Schöpfer des gleichnamigen Turms, und Thomas Alva Edisons, Erfinder der Glühbirne und des Phonographen nebst anderen Wundern des Fortschritts.

Die Brüder Grimm, die Tragödien des Aischylos, die *Ramayana* und die keltischen Legenden. Diese Bücher legt der Verleger Corelli David Martín ans Herz – er soll »ihren Gehalt herausdestillieren und analysieren, wie diese Texte funktionieren und warum sie unsere Gefühle ansprechen. Sie sollen die Grammatik, nicht die Moral lernen.« Jakob Ludwig Karl und Wilhelm Karl Grimm veröffentlichten zwischen 1812 und 1822 deutsche Sagen und Kindermärchen, die auf der Erinnerung des Volkes und auf Legenden basierten. Die Grimms lebten nicht nur von den Märchen, sondern sezierten auch die Mechanismen der deutschen Sprache in ihrem berühmten 32-bändigen Wörterbuch und in linguistischen und literarischen Studien, unter denen das Grimm'sche Gesetz der Lautverschiebung hervorzuheben ist.

In diese Linie gehören weitere Corelli-Empfehlungen. Die Tragödie als Ursprung des Mythos, die keltischen Legenden und das *Ramayana*, ein monumentales indisches Epos, das zusammen mit dem *Mahabharata* im 4. Jahrhundert v. Chr. entstand.

Die Gebrüder Karamasow von Dostojewskij (1821–1881). Beispiel für einen Thesenroman, veröffentlicht ein Jahr vor dem Tod des russischen Autors; erzählt die Konfrontation eines Vaters mit seinen Söhnen unter Einbeziehung autobiographischer Elemente wie der Epilepsie und der Debatten über Unschuld, Atheismus und geistige Vollkommenheit.

Tess of the d'Urbervilles von Thomas Hardy. Das Buch, das Bea aus dem Friedhof der Vergessenen Bücher rettet, ist die 1892 von Hardy veröffentlichte englische Originalausgabe. Protagonistin ist ein Mädchen vom Land, ungebildet, aber intelligent und hochsensibel. In seiner Kinoversion gab ihr Roman Polanski das Gesicht von Nastassja Kinski.

Ernest Hemingway und Manolete. In Sachen Männlichkeit setzt sich Fermín Romero de Torres dem he-

roischen amerikanischen Schriftsteller und dem uner-
schütterlichen Matador gleich, der 1947 den Stier Islero
tötete.

José Ortega y Gasset (1883–1955). Der Buchhändler
Gustavo Barceló beherbergt in seiner Wohnung »ein halbes Dutzend Katzen und zwei grellbunte Kakadus von
enormen Ausmaßen, die er (...) *Ortega* und *Gasset* getauft
hatte«. Für Romero de Torres ist Ortega *der* Philosoph in
Sachen Pragmatismus. Der Autor von *Der Aufstand der
Massen* postuliert den »Ratiovitalismus«, der das Leben
als *work in progress* begreift.

Die geheimnisvolle Insel von Jules Verne. In seiner
Funktion als bibliographischer Berater empfiehlt Romero
de Torres der Kundschaft der Buchhandlung Sempere die
Exotik von Emilio Salgaris (1863–1911) *Sandokan* sowie
diesen Roman von Jules Verne, »eine hochabenteuerliche
Erzählung von großem erzieherischen Gehalt, von wegen der technologischen Fortschritte«. Der Schriftsteller
aus Nantes veröffentlichte *Die geheimnisvolle Insel* 1874,
vier Jahre nach *Zwanzigtausend Meilen unter dem Meer*,
in der wieder der nicht weniger geheimnisvolle Kapitän
Nemo erscheint, Sinnbild für den Fortschrittsmythos
und die Rebellion gegen die etablierte Ordnung.

Das Herz der Finsternis von Joseph Conrad. Roman
von 1899, der noch immer die Albträume des Westens
umreißt. Marlowe fährt den afrikanischen Fluss hinauf,
um den wahnsinnig gewordenen Kurtz zu suchen. In *Der
Schatten des Windes* hat Julián Carax Conrads Roman
dreimal gelesen, und Ricardo Aldaya öffnet ihm seine Bibliothek mit den vierzehntausend Bänden, darunter drei
Exemplare mit einem Autogramm des polnischen Au-

tors. In Paris teilt er sein Domizil mit einem riesigen weißen Kater namens Kurtz, »der auf der Schreibmaschine seines Herrchens schlief und schnarchte wie eine Bulldogge«.

Gedichtsammlungen von Jacinto Verdaguer (1845–1902). Sie können aus dem brennenden Lager des Verlages Cabestany im Viertel Pueblo Nuevo gerettet werden. Der katalanische Dichter und Geistliche vertritt die epische romantische Dichtung, den Mystizismus und die geistige Heterodoxie mit Titeln wie *Atlantis* oder der anrührenden Gedichtsammlung *Blumen vom Kalvarienberge*.

Das Leben ein Traum von Calderón de la Barca. Romero de Torres kann Calderón-Fragmente rezitieren; er fühlt sich wie Prinz Segismundo, Protagonist dieses Dramas von 1635, eines Gipfelwerks der Barockliteratur. Die philosophischen Gedankengänge des von seinem Vater in einem Turm in den Bergen eingesperrten Segismundo zogen schon Schopenhauer an und sind noch immer gültig.

Arthur Schopenhauer (1788–1860). Der Autor von *Die Welt als Wille und Vorstellung* ist der Lieblingsphilosoph von Marinas Vater Germán Blau – er lobt Óscars Sinn für Philosophie, obwohl der Jugendliche in ebendiesem Moment gesteht, dass er nicht imstande ist, »zwischen Schopenhauer und einer Orthopädiemarke zu unterscheiden«. Um die Situation zu entschärfen, sagt Marina zu ihrem Vater, Óscar sei Anarchist, und Germán entgegnet: »In Ihrem Alter habe ich ebenfalls Bakunin gelesen. Das ist wie die Masern – solange es nicht vorbei ist …«

Leonardo da Vinci. Óscar betrachtet Marinas Schlüsselbeine so betört, dass er schwören könnte, sie seien von Leonardo höchstpersönlich entworfen worden.

Percy Bysshe Shelley (1792–1822). In *Marina* trägt Dr. Joan Shelley den Namen des großen britischen Romantikers, Ehemann von Mary, der Autorin von *Frankenstein*, und Lord Byrons Gefährte in revolutionären Abenteuern.

Candide von Voltaire. Diese Satire über den Optimismus ist eines der Lieblingsbücher von Daniels Vater, das er jedes Jahr zweimal wiederliest, »die zwei Male, die ich ihn von Herzen lachen hörte«. 1759 veröffentlicht, gehört *Candide* zusammen mit den Werken von Diderot und Rousseau zum harten Kern der Aufklärung – eine philosophische Erzählung, die die Tür zum aufgeklärten Skeptizismus öffnet.

Das Fernsehen

Perry Mason. Óscar Drai dringt in Marinas Haus ein und hört sein Gewissen mahnen: »Der Fachausdruck lautet *Diebstahl und Hausfriedensbruch*« – und zwar mit einer Stimme, die »sehr derjenigen des Synchronsprechers von Perry Mason« glich. Es handelt sich um die Anwaltsserie aus den sechziger Jahren mit Raymond Burr in der Hauptrolle.

Joselito (José Jiménez Fernández). Der Junge mit der süßlichen Singstimme, in der Samstagnachmittagsvorstellung der Vorstadtkinos heimisch. Zafón mokiert sich in *Marina* über einen seiner Filme, *El ruiseñor de las cumbres* (Die Bergnachtigall), und macht daraus *Die Pyrenäennachtigall*.

Veronica Lake. Die Schauspielerin mit der Strähne über dem Auge, eine Vampirin der vierziger Jahre, die Fermín Romero de Torres den Kopf verdreht, wenn er im Kino Fémina ihre Filme sieht, zum Beispiel *Der gläserne Schlüssel* mit einem detektivischen Alan Ladd.

Cary Grant. Für die Bernarda, Hausangestellte des Buchhändlers Gustavo Barceló, ist Cary Grant nach José Antonio »der schönste Mann der Geschichte«, obwohl böse Zungen behaupteten, er sei vom anderen Ufer.

Charles Boyer. Daniels Vater behauptet, Fermín erinnere ihn wegen seiner Figur an Charles Boyer. Zurückhaltender, aber unwiderstehlicher Galan für in Missgeschicke verwickelte Frauen, war der französische Schauspieler in den vierziger und fünfziger Jahren Hauptdarsteller in Kinoerfolgen wie *Arc de Triomphe* und *Das Haus der Lady Alquist* (beide mit Ingrid Bergman).

Die Musik

Lakmé von Léo Delibes. Kirsten Auermanns Lieblingsoper, mit der sich diese Opernsängerin (und Mutter Marinas), die kurz darauf in blühender Jugend an einer unheilbaren Blutkrankheit stirbt, von der Bühne verabschiedet. Die Oper basiert auf dem Roman *Rarahu* (später umbenannt in *Le mariage de Loti*) von Pierre Loti und wurde 1883 im Pariser Théâtre de l'Opéra uraufgeführt.

Empfehlenswerte Aufnahmen: Orchester und Chor von RTF unter J. Gressier, mit M. Robin, Ch. Richard,

P. Savignol, A. Disney und C. Maurante. Rodolphe. Historische Aufnahme von 1955. – Chor und Orchester der Oper Monte Carlo unter Richard Bonynge, mit Joan Sutherland, A. Vanzo, G. Bacquier und J. Barbié. Decca. 1967.

Wilhelm Tell. Schillers romantische Beschwörung des Schweizer Nationalhelden inspirierte Gioacchino Rossini zu seiner gleichnamigen Oper. Sie wurde am 3. August 1829 in der Opéra de Paris uraufgeführt und war Rossinis erfolgreichstes Werk. *Guillermo Tell* oder *Guillaume Tell* ruft in Barcelona eine tragische Erinnerung wach. Diese Oper wurde am 7. November 1893 im Liceo-Theater gegeben, als der Anarchist Santiago Salvador eine Bombe warf, die 20 Tote und viele Verletzte forderte.

Empfehlenswerte Aufnahmen: Französisch: Royal Philharmonic Orchestra unter Lambert Gardelli, mit Monserrat Caballé. EMI. 1973. – Italienisch: Chor und Orchester der Mailänder Scala unter Riccardo Muti, mit Giorgio Zancanaro, Chris Merritt. Philips. 1988.

Così fan tutte von Wolfgang Amadeus Mozart. Diese Oper, auch unter dem Titel *Die Schule der Liebenden* bekannt, wurde gegen 1929 im Liceo-Theater aufgeführt, und Pedro Vidal sieht sie in seiner Loge. Mozart komponierte sie 1790 für Kaiser Joseph II. von Habsburg, ein Auftrag, den eigentlich sein Rivale Antonio Salieri hätte ausführen sollen. Die eheliche Untreue ist das zentrale Thema, typisch für die Opera buffa, mit Anklängen an Boccaccios *Decamerone*.

Empfehlenswerte Aufnahmen: Chor und Orchester von Covent Garden unter Sir Colin Davis, mit Montserrat Caballé, Janet Baker und Nicolai Gedda. Philips.

1974. – The English Baroque Soloists unter Sir John Eliot Gardiner. Archiv. 1992.

Lacrimosa von Wolfgang Amadeus Mozart. In seinem Turmhaus in der Calle Flassaders findet David Martín neben einem alten Grammophon eine Schallplatte mit Mozarts Requiem, seiner letzten Komposition. Das *Lacrimosa* ist der letzte Satz der *Dies-irae*-Sequenz und zeigt die Todesbesessenheit eines Musikers, der über der Komposition dieses Werks verstarb, mit dem ihn eine geheimnisvolle graugekleidete Persönlichkeit beauftragt hatte.

Empfehlenswerte Aufnahmen: Unter den vielen *Requiem*-Einspielungen ist diejenige des Orfeón Donostiarra hervorzuheben.

Madame Butterfly von Giacomo Puccini. Pedro Vidal lädt David Martín ins Liceo ein, wo diese Puccini-Oper aufgeführt wird, die auf *Madame Chrysanthème* basiert, ebenfalls ein Buch von Pierre Loti, dem Verfasser von Reisebüchern über exotische Länder, die Ende des 19. Jahrhunderts bei der europäischen Bourgeoisie Furore machten. 1904 in der Mailänder Scala uraufgeführt, erzählt *Madame Butterfly* die Liebesgeschichte der Geisha Butterfly und eines nach Nagasaki abkommandierten amerikanischen Marineoffiziers.

Empfehlenswerte Aufnahmen: Chor und Orchester der Mailänder Scala unter Herbert von Karajan, mit Maria Callas und Nicolai Gedda. EMI. 1955. – Ambrosian Singers und Philharmonia Orchestra unter Giuseppe Sinopoli, mit Mirella Freni, Josep Carreras, Joan Pons und Teresa Berganza. DG. 1987.

Grieg und Schumann. Eine Schülerin von Juliáns Mutter Sophie Carax komponiert kleine Klavierstücke, in denen sie »Motive von Grieg und Schumann nachempfand«, zwei wichtige Komponisten der Romantik.

Tannhäuser von Richard Wagner. Die Symboloper für den Barceloneser Wagner-Kult. Die Buchhändler Sempere und Barceló besuchen eine Aufführung im Liceo und bekräftigen die Liebe zu dieser 1845 uraufgeführten Oper über die Abenteuer des Ritters Tannhäuser auf halbem Wege zwischen der Göttin Venus und den Pflichten des Rittertums.

Hochzeitsmarsch von Wagner. Wird in *Marina* zur Hochzeit vom Michail Kolwenik mit Ewa Irinowa vom Liceo-Orchester auf der Vortreppe der Barceloneser Kathedrale gespielt.

Empfehlenswerte Aufnahmen: Chor der Wiener Staatsoper und Wiener Philharmoniker unter Sir Georg Solti, mit René Kollo, Helga Dernesch und Christa Ludwig. Decca. 1970. – Chor und Orchester des Theaters von Covent Garden unter Giuseppe Sinopoli, mit Plácido Domingo, Agnes Baltsa und Cheryl Studer. Decca. 1989.

Frederic Mompou. Gustavo Barceló untersagt Clara, Stücke von Mompou zu spielen, weil sie sie schlecht spiele. Ein Erbe des französischen Impressionismus, den er mit Folklore-Elementen würzt, entwarf Mompou ein raffiniertes pianistisches Universum, von seinen *Charmes* (1920–1921) bis zum Minimalismus seiner Melodien und Lieder.

Luisa Fernanda. Die Zarzuela, die Beas Vater hört, wurde von Guillermo Fernández Shaw mit Musik von Federico Moreno geschrieben und 1932 uraufgeführt. Sie spielt an der Grenze zu Portugal zur Zeit der Septemberrevolution von 1868, als General Prim Elisabeth II. entthronte. Die Besetzung besteht aus Soldaten und Arbeitern, und es gibt volkstümliche Nummern wie das Lied *Morena clara.*

Maurice Ravel. Aus der Spieldose in der Wohnung des Hutmachers Antoni Fortuny erklingt eine Melodie von Ravel, dem Schöpfer des suggestiven *Boléro* und der melancholischen *Pavane pour une infante défunte.*

Enrique Granados. Der Pianist des Restaurants Maison Dorée spielt eines seiner Stücke, als Pedro Vidal David Martín zum Mittagessen einlädt. Da ist bereits ein Jahrzehnt vergangen, seit Enrique Granados 1916 im Ärmelkanal sein Leben verlor, als der Dampfer, auf dem er sich befand, von einem deutschen U-Boot torpediert wurde. Seine *Danzas españolas* haben ihre ganze Suggestivkraft bewahrt.

Intime Orte

Puigcerdà. In *Das Spiel des Engels* fährt David Martín mit dem Zug nach Puigcerdà, Hauptstadt der Cerdanya mit rund neuntausend Einwohnern, Nachbarstadt von Llívia und wenige Kilometer vom Fürstentum Andorra entfernt.

David sucht Cristina Sagnier im Sanatorium Villa San Antonio. Der Bahnhofsvorsteher weist ihm den Weg: »Sie gehen durchs Dorf, über den Platz mit der Kirche und dann bis zum See. Am See stoßen Sie auf eine lange, von alten Häusern gesäumte Allee, die zum Paseo de la

Rigolisa führt. Dort, an der Ecke, steht ein großer dreistöckiger Kasten in einem Park. Das ist das Sanatorium.« Der Weg führt am bekannten Hotel del Lago vorbei, einem »zweistöckigen, dunkelrot gestrichenen Gebäude am See«. David reserviert ein Zimmer, und man gibt ihm die Nr. 101.

Der See ist der beliebteste Ort der Stadt, eine schöne Oase, gesäumt von mehreren modernistischen Villen. Er wurde Ende des 19. Jahrhunderts von dem dänischen Unternehmer German Schierbeck geschaffen, der dem Park seinen Namen gab, und lädt mit seinem ruhigen Gewässer und den sich spiegelnden Bergen zur Meditation ein und zieht die Barcelonesen nach wie vor an.

Sowie er sich im Hotel eingerichtet hat, nimmt David den Weg über die Promenade am Ende der Straße und steht zehn Minuten später vor dem großen Park der Villa San Antonio. »Die große Vorhalle war im Schachbrettmuster gefliest und führte zu einer breiten Treppe.« Eine junge Krankenschwester bringt ihn zu Cristinas Zimmer – zu einer Cristina, die nicht mehr von dieser Welt ist.

In den Tagen, die er in Puigcerdà verbringt, erträgt David seinen Kummer schweigend. Manchmal versucht er zu schreiben, den Blick auf die vereiste Landschaft gerichtet, andere Male spaziert er auf der Promenade der Verliebten. Auf einer der Bänke sitzend, sieht er »eine kleine, einsam auf einem verschneiten Feld stehende Kapelle«.

Am Ende verfolgt er im Schnee die Spuren einer geisteskranken Cristina, die auf den See hinausgeht, bis die Eisschicht nachgibt und das eisige Wasser sie in der Todesnacht verschlingt.

Sant Feliu de Guíxols. In *Marina* begleitet Óscar Drai
Germán Blau und seine Tochter auf einem Ausflug
an die Costa Brava. Sie fahren in einem »eindrucksvol-
len weinroten Fünfziger-Jahre-Tucker mit Chromfelgen«,
und der Kater Kafka schläft friedlich auf dem Rücksitz.
Das Ziel soll eine Überraschung sein. Hinter Blanes um-
fährt der Tucker das Dorf Tossa und schlägt eine kurvenreiche, enge Straße ein. Óscar ist beeindruckt vom
Panorama: »Es war weniger eine Straße als ein zwischen
Himmel und Steilküste schwebendes Band, das sich um
Hunderte scharfe Kurven schlängelte. Zwischen den Äs-
ten der Pinien hindurch, die sich an steile Flanken klam-
merten, war das weit wie eine glühende blaue Decke
daliegende Meer zu sehen. Etwa hundert Meter weiter
unten bildeten Dutzende von unzugänglichen Buchten
und verborgenen Winkeln eine geheime Route zwischen Tossa de Mar und la Punta Prima beim Hafen
von Sant Feliu de Guíxols in zwanzig Kilometern Entfernung.« Sie erblicken »eine kleine, halbmondförmige
Bucht« und »Felsen und Strände« und »zuoberst auf dem
Berg wie eine Schildwache die Silhouette der Einsiedelei
Sant Elm«.

Sant Feliu de Guíxols liegt hundert Kilometer von Barcelona entfernt und ist eine bürgerliche Stadt des Baix
Empordà, die ihr historisches Vermögen mit der Kork-
industrie machte. Die Ortsansässigen sagen, die Ruhe und
Höflichkeit der Bewohner nehme alle Besucher für sie
ein.

Die Bucht von Sant Feliu, ähnlich wie die Concha in
San Sebastián, aber mit kleinerem Durchmesser, grenzt
nördlich an den Hafen und den Yachtklub und im Süden

an den Hügel, auf dem ganz oben die Einsiedelei Sant Elm steht. Von diesem Aussichtspunkt aus schaute vor einem Jahrhundert der Schriftsteller Ferran Agulló aufs Meer hinaus und war so beeindruckt, dass er in einem Artikel für *La Veu de Catalunya* (Die Stimme Kataloniens) der Gegend den Namen Costa Brava (Wilde Küste) gab. In der Galerie der Einsiedelei erinnert ein steinerner Monolith an ihn. Wenn wir von der Uferpromenade den Weg nach Sant Elm einschlagen, sehen wir die modernistische Kuppel mit den tiefblauen Keramikziegeln auf den dorischen Säulen des baufälligen Hotels Panorama.

In der ersten Linkskurve erscheint die Villa Concha, ein eingefallenes, von Unkraut überwuchertes und mit Sprayereien der Hausbesetzer verunziertes Haus. Kurz darauf stoßen wir auf ein weiteres Haus in Ruinen, aber von anmutigerer Struktur und mit Kamin, halb im Gehölz verborgen. Óscar folgt Marina durch die Pinien. Sie möchte ihm ihre Lieblingsecke zeigen: »Der Pfad führte über das Grundstück eines alten verlassenen Hauses, das eine Beute der Sträucher geworden war. Von dort glitt eine in den Fels gehauene Treppe zum Strand mit seinen goldenen Steinen hinunter.« Laut Marina gehörte das Haus einer holländischen Schriftstellerin, die vor dem Erblinden beschloss, »sich auf den Steilhängen eine Zufluchtsstätte zu bauen und sich für ihre letzten lichten Tage hierher zurückzuziehen, wo sie dem Strand gegenübersaß und das Meer betrachtete«.

Nach der Siedlung Sant Elm können wir linker Hand einen steinernen Kreuzbogen sehen, der das letzte Wegstück bis zur Einsiedelei anzeigt; rechts signalisiert ein grüner Wegweiser die Route nach Sant Grau d'Ar-

denya. Wir gehen weiter durch kleine Siedlungen, Pinien-
wälder, Dorngebüsche, Feigenbäume und Kakteen. Bei
einem weißen Haus in rationalistischem Stil finden wir
die Tafel von Cala Vigatà, das man über einen unebe-
nen Pfad mit Steinschlaggefahr erwandern kann. Übers
Meer ist es einfacher, und wir bekommen überdies einen
Strand mit abgeschliffenen Felsen, wo man dem Nudis-
mus frönt – die Einsiedelei in der Höhe immer im Blick-
feld, und dazu unendlich viele Nischen und Grotten mit
grünlichem Wasser und Möwen auf der Lauer.

An diesen geheimen Strand wird Óscar zurückkehren,
zunächst mit Germán, um Marinas Asche ins Meer zu
streuen, dann viele weitere Male allein: »In der Ferne erhob sich die Einsiedelei Sant Elm, stets wachsam.«

Abbildungsnachweise

45 *Haus von Bruno Quadros*, AISA

48 *Die Rambla im Abschnitt Santa Mónica*, Photononstop / Latinstock

51 *Canaletas-Brunnen*, Image – Index Fototeca

53 *Handschuhladen Alonso* (Calle Santa Ana 27), Fototeca.cat

55 *Santa-Ana-Kirche*, © Fundació Institut Amatller d'Art Hispànic, Arxiu Mas

57 *Blick in die Puerta del Ángel von der Plaza de Cataluña aus*, © Fundació Institut Amatller d'Art Hispànic, Arxiu Mas

59 *Von Picasso gestaltete Speisekarte von Els Quatre Gats*, AISA

62/63 *Eingangspatio des Barceloneser Athenäums*, AISA

66 *Café Dulcinea in der Calle Petritxol*, © Enric Duch

69 *Liceo-Theater* (Barceloneser Oper), © Enric Duch

70 *Café de la Ópera*, © Enric Duch

79 *Calle Arco del Teatro*, © Fondo F. Català-Roca / Archivo Fotográfico AHCOAC

84/85 *Blick auf den Barceloneser Hafen mit der Mole der Hafen-rundfahrtschiffe*, © Fundació Institut Amatller d'Art Hispànic, Arxiu Mas

89 *Juweliergeschäft Bagués* (Calle del Carmen, Ecke Rambla San José), © Fundació Institut Amatller d'Art Hispànic, Arxiu Mas

92 *Schornsteine auf dem begehbaren Dach des Güell-Palasts im Raval-Viertel*, Alamy Images

95 *Güell-Palast*, © Fundació Institut Amatller d'Art Hispànic, Arxiu Mas

100/101 *Katalanische Bibliothek* (ehemaliges Santa-Cruz-Krankenhaus), AISA

105 *Die Calle Joaquín Costa*, © Fundació Institut Amatller d'Art Hispànic, Arxiu Mas

109 *Plaza dels Àngels*, Arxiu Històric de la Ciutat de Barcelona – Arxiu Fotogràfic

119 *Eine* carassa *(steinerne Maske) in der Calle Mirallers*, © Fondo F. Català-Roca / Archivo Fotográfico AHCOAC

122 *Die Kathedrale von Barcelona*, © Fundació Institut Amatller d'Art Hispànic, Arxiu Mas

125 *Die gotische Calle del Bisbe*, © Fundació Institut Amatller d'Art Hispànic, Arxiu Mas

127 *Kanalisation von Barcelona*, Arxiu Històric de la Ciutat de Barcelona – Arxiu Fotogràfic

130 *Plaza de San Felipe Neri*, AISA

133 *Buchhandlung Batlle in der Calle de la Palla*, © Enric Duch

135 *Straßenmarkt vor der Kathedrale Santa María del Mar*, Image / Index Fototeca

146 *Lebensmittelgeschäft Can Gispert*, Fototeca.cat

152 *Kathedrale Santa María del Mar*, © Fundació Institut Amatller d'Art Hispànic, Arxiu Mas

155 *Francia-Bahnhof*, AISA

160 *Ciudadela-Park, Brücke und Fassade des Palastes der Weltausstellung von 1888*, © Fundació Institut Amatller d'Art Hispànic, Arxiu Mas

163 *San-Sebastián-Turm der Hafenseilbahn*, © Enric Duch

166/167 *Magischer Brunnen und Nationalpalast*, AISA

171 *Hotel Colón auf der Plaza de Cataluña*, Arxiu Històric de la Ciutat de Barcelona – Arxiu Fotogràfic

176 *Luftaufnahme des Ensanche-Viertels*, Planeta Actimedia / AESA

181 *Restaurant La Maison Dorée*, Arxiu Històric de la Ciutat de Barcelona – Arxiu Fotogràfic

182 *Redaktion der Zeitung* La Vanguardia *in der Calle Pelayo*, Archivo La Vanguardia

183 *Bahn der Generalitat (Ferrocarriles Catalanes) in der Calle Pelayo*, Arxiu Històric de la Ciutat de Barcelona – Arxiu Fotogràfic

187 *Dessousladen La Torre* (Ronda de San Antonio 63), © Enric Duch

193 *Eingangshalle der Anwaltskammer* (Calle Mallorca 283), © Enric Duch

252 *Detail einer Bildhauerarbeit am Palau de la Música,*
Arxiu Històric de la Ciutat de Barcelona – Arxiu Fotogràfic

256 *Der Sühnetempel der Sagrada Familia im Bau,* Arxiu Històric
de la Ciutat de Barcelona – Arxiu Fotogràfic